中国地方社会科学院学术精品文库·浙江系列

中国地方社会科学院学术精品文库·浙江系列

走出"非政治的"文化

——对近现代德国政治思想的一种政治哲学考察

Overcoming the Nonpolitical Culture:

A Political Philosophical Approach to the
Modern German Political Thoughts

● 李哲罕 / 著

社会科学文献出版社

SOCIAL SCIENCES ACADEMIC PRESS (CHINA)

本书为浙江省社会科学院 2016 年度院一般课题 "走出'非政治的'文化"（项目号：2016CYB13）结项成果，本书的出版得到了浙江省社会科学院省级社会科学学术著作出版资金、浙江省社会科学院 "中国哲学" 特色学科和浙江省社会科学院浙江省地方法治研究中心的资助。

谨以此书献给我的导师应奇教授

打造精品　勇攀"一流"

《中国地方社会科学院学术精品文库·浙江系列》序

　　光阴荏苒，浙江省社会科学院与社会科学文献出版社合力打造的《中国地方社会科学院学术精品文库·浙江系列》（以下简称"《浙江系列》"）已经迈上了新的台阶，可谓洋洋大观。从全省范围看，单一科研机构资助本单位科研人员出版学术专著，持续时间之长、出版体量之大，都是首屈一指的。这既凝聚了我院科研人员的心血智慧，也闪烁着社会科学文献出版社同志们的汗水结晶。回首十年，《浙江系列》为我院形成立足浙江、研究浙江的学科建设特色打造了高端的传播平台，为我院走出一条贴近实际、贴近决策的智库建设之路奠定了坚实的学术基础，成为我院多出成果、快出成果的主要载体。

立足浙江、研究浙江是最大的亮点

　　浙江是文献之邦，名家辈出，大师林立，是中国历史文化版图上的巍巍重镇；浙江又是改革开放的排头兵，很多关系全局的新经验、新问题、新办法都源自浙江。从一定程度上说，在不少文化领域，浙江的高度就代表了全国的高度；在不少问题对策上，浙江的经验最终都升华为全国的经验。因此，立足浙江、研究浙江成为我院智库建设和学科建设的一大亮点。《浙江系列》自策划启动之日起，就把为省委、省政府决策服务和研究浙江历史文化作为重中之重。十年来，《浙江系列》涉猎领域包括经济、哲学、社会、文学、历史、法律、政治七大一级学科，覆盖范围不可谓不广；研究对象上至史前时代，下至21世纪，跨度不可谓不大。但立足浙江、研究浙江的主线一以贯之，毫不动摇，为繁荣我省哲学社会科学事业积累了丰富的学术储备。

贴近实际、贴近决策是最大的特色

学科建设与智库建设双轮驱动，是地方社会科学院的必由之路；打造区域性的思想库与智囊团，是地方社会科学院理性的自我定位。《浙江系列》诞生十年来，推出了一大批关注浙江现实，积极为省委、省政府决策提供参考的力作，主题涉及民营企业发展、市场经济体系与法制建设、土地征收、党内监督、社会分层、流动人口、妇女儿童保护等重点、热点、难点问题。这些研究坚持求真务实的态度、全面历史的视角、扎实可靠的论证，既有细致入微、客观真实的经验观察，也有基于顶层设计和学科理论框架的理性反思，从而为"短、平、快"的智库报告和决策咨询提供了坚实的理论基础和可靠的科学论证，为建设物质富裕、精神富有的现代化浙江贡献了自己的绵薄之力。

多出成果、出好成果是最大的收获

众所周知，著书立说是学者成熟的标志；出版专著，是学者研究成果的阶段性总结，更是学术研究成果传播、转化的最基本形式。进入20世纪90年代以来，我国出现了学术专著出版极端困难的情况，尤其是基础理论著作出版难、青年科研人员出版难的矛盾特别突出。为了缓解这一矛盾和压力，在中共浙江省委宣传部、浙江省财政厅的关心支持下，我院于2001年设立了浙江省省级社会科学院优秀学术专著出版专项资金，从2004年开始，《浙江系列》成为使用这一出版资助的主渠道。同时，社会科学文献出版社高度重视、精诚协作，为我院科研人员学术专著出版提供了畅通的渠道、严谨专业的编辑力量、权威高效的书稿评审程序，从而加速了科研成果的出版速度。十年来，我院一半左右科研人员都出版了专著，很多青年科研人员入院两三年左右就拿出了专著，一批专著获得了省政府奖。可以说，《浙江系列》已经成为浙江省社会科学院多出成果、快出成果的重要载体。

打造精品、勇攀"一流"是最大的愿景

2012 年，省委、省政府为我院确立了建设"一流省级社科院"的总体战略目标。今后，我们将坚持"贴近实际、贴近决策、贴近学术前沿"的科研理念，继续坚持智库建设与学科建设"双轮驱动"，加快实施"科研立院、人才兴院、创新强院、开放办院"的发展战略，努力在 2020 年年底总体上进入国内一流省级社会科学院的行列。

根据新形势、新任务，《浙江系列》要在牢牢把握高标准的学术品质不放松的前提下，进一步优化评审程序，突出学术水准第一的评价标准；进一步把好编校质量关，提高出版印刷质量；进一步改革配套激励措施，鼓励科研人员将最好的代表作放在《浙江系列》出版。希望通过上述努力，能够涌现一批在全国学术界有较大影响力的学术精品力作，把《浙江系列》打造成荟萃精品力作的传世丛书。

是为序。

张伟斌

2013 年 10 月

不古不今之学与人

——序李哲罕《走出"非政治的"文化》

应 奇

　　李哲罕的博士学位论文《走出"非政治的"文化：对近现代德国政治思想的一种政治哲学考察》在经过近两年修改之后，即将由国内颇富声誉的社会科学文献出版社刊行问世，他再三恳请我为他的首部作品撰写一篇序言，作为见证他学术之路上每一步成长的硕博两任导师，我似乎并无推却其盛情之特别有效的理由。

　　大约七年前，当李哲罕作为烟台大学法学院的一名应届本科生写信给我，咨询报考我所在的浙江大学外国哲学专业硕士研究生的相关信息时，一方面，作为政治哲学和政治思想的业余爱好者，他提供给我一篇关于以赛亚·伯林的读书笔记；另一方面，作为非哲学专业的学生，他请求我为他开列一张学习西方哲学史的书单。时隔多年，他的读书笔记的内容我已经全然忘却了，大概总不外乎价值多元主义和相对主义之类永远似曾相识但也永远似是而非的话题——这大概就是陈嘉映在去年宣布"封笔"时最后所说那句"我烦政治（哲学）理论，翻来倒去的，我觉得一点意思也没有"之所指——而我的"书单"却"流传"了下来：多年前有位朋友告诉我，老兄你学问并不大，怎么突然为年轻人开起书单来了？我这才知道，有"好事者"已经把我的书单晒到了网上，而且至今还没有取下来。我一直并未追问这事儿到底是谁干的——回想起来，这大概是因为那样做至少有一个好处，以后每当课堂上有同学要求我提供书单时，我可以很便捷地让他们到网上去找。这样看来，向来以道义论者自居的我看起来是而且越来越像是一个后果论者了。例如拿眼前这个案例来说，比较坚持原则的当事人（行动者）会说，没有经过我的同意，这种事情是绝不允许发生的；而比较通人情的说法和做法则是，既然这事儿并未造成什么有害的后果（甚或可能会有一定的好处），就似乎不必以更为峻急的道义论原则来苛责之，更用不着上升到德性论的高度来作"诛心之论"了。可以说，无论作为个体伦理还是政治伦理原则，我依然信奉自由派"教父"小密尔的"伤害原则"，而伤害原则总是运用在后果上才会比较有效和恰当，这是就其与更为抽象的道义论原则比较而言。而当它与更为具体的德性论原则相比较时，后果论的抽象性就似乎又显示出来了。从这个角度，与其说后果论是继德性论和道义论而起的第三种伦理学形态，不如说它本身就是介于两者之间的——如果说德性论是"古"，道义论是"今"，那么后果论就正如陈寅恪先生自陈其所治之学及其治学之"心境"，乃正是"不古不今"的。

现在看来，作为其政治哲学和政治思想之兴趣和探索的出发点，对于伯林的阅读依然构成了这篇博士论文的某种问题背景，作者意识到伯林从德国政治思想的反启蒙-浪漫主义中发掘出多元论从而用来克服西方政治思想传统中根深蒂固的一元论的努力，其实与他所致力于探讨的围绕魏玛前后的变革所展开的政治法学、政治思想、政治哲学和政治文化的论辩具有某种"同构性"。伯林在辨析自由概念时指陈，如果有谁声称，就奴隶面对主人的拷打时可以在死亡和服从之间进行"选择"而言，奴隶也是自由的——伯林严词申斥这些人是在滥用"自由"和"选择"这样的"政治"术语。而弗里德里希·瑙曼曾经呼吁从德语中删除"文化"一词，那么谁又能说伯林的"振聋发聩"之语与瑙曼的"愤激之语"之间没有历史内涵的高度叠合和同构呢？——而更为重要的是，构成这种叠合和同构的并不是政治概念的辩证，而是千万万生命的血泪和记忆。人们经常喜欢转用伯林所引用的熊彼特那句名言："文明人之所以不同于野蛮人，即在于文明人既了解他的信念之有效性是相对的，而又能果敢地捍卫那些信念。"听说"思接千古"的政治哲学家已经"义正辞严"地斥责这种信念本身就是"野蛮人"的信念。的确，千古有遗教："人心唯危，道心唯微"；"亚圣"又有云："人之异于禽兽者几稀"。我们当然无法完全脱离历史的脉络来抽象地判定一种政治哲学和一位政治哲学家之"教养"程度，而人禽之别或者文明人与野蛮人之别，也许确实并不在用一种实指定义抽象地指认那个"几稀"，而更在于"指认"那种"几稀"的方式。如此或可为本雅明致友人信中的这番话进一解："对我来说，对不同民族、不同语言和不同思想的热爱，是同一件事情最重要的组成部分。但这并不能阻止我，有时候，为了保持这种热爱，反倒有必要与之保持一定的距离。就德国而言，我对它的爱当然是根深蒂固的，因为我在那里经历了生命中所有最重要的体验，因而，这种爱是无法磨灭的。但是，我不想成为这种爱的牺牲品。"

作为"好读书不求甚解"之"好为人师者"，我对指导李哲军博士的学业应当说是付出了不少心力的。在国内学界和舆论界各种"文化政治论""甚嚣尘上"之时，我在《古典·革命·风月：

北美访书记》题为《"政治科学"之"家园"》的"核心"论述中，曾经反其道而行之，从学理根基和规范取向两个层面勾勒出"从文化政治到政治文化"之线索和趋向。为此，我鼓励和支持李哲罕在这个方向上开拓出一片有特色的学术领域，通过大量阅读文献，进入有效讨论的语境中，然后逐渐形成和选取自己的视角，作出有质量的相应论述。更为重要之点在于，虽然中国人研究西学无疑应当有自己的问题意识和现实关怀，但学术活动乃具有自身的法则和纪律，它不是荷尔蒙的冲动和宣泄，也不是意缔牢结的竞技和斗炫，而是要像童世骏笔下的薛华老前辈那样"数十年如一日乐此不疲"，"学无分中西，唯真理以求"，而其典范形式则常常会"使我们在青灯黄卷、谈学论道时不仅有知其不可而为之的悲壮感，也不仅有知其不足而学之的紧迫感，而且有知其不富不贵而喜之乐之的自豪感和喜悦感"。

　　无论是已经从青涩华年成长到几乎要重新立志的而立之年的李哲罕，还是年近半百而又貌似要开始"二次创业"的我自己，距离这样的境界一定都还远之又远，但现代教学心理学已经证明，学习和成长的过程中尤其需要来自鼓励和肯定的动力补给，从这个角度来说，我们无论如何应当看到李哲罕博士从满嘴跑没谱儿的大字眼到整天介埋头有形的文献这一变化中所体现的"逐渐"进步和"缓慢"成熟。而且看得出来，他的这篇博士论文是花了很大功夫的，在国内同类研究中也是具有鲜明的自身特色的。例如它不是"从原理出发"，而是在"践履"陈嘉映在前面那个访谈中所"号召"的"去研究一段政治史，看看它有哪些让人困惑的问题"；它的架构也颇见用心，从历史、文学、法学和哲学中各选取了一位人物展开论述，虽然所论未必够专精，但这种俭省的写法至少比较诚实，而且事实上也不乏内在的丰富性，并可以为下一步"体大思精"的工作（例如这一进路上休斯的《意识与社会》那样的杰构）树立某些路标。我最近高兴地获知，作者还将把自己的探究进一步扩展和深化到对德国法治国观念的梳理和研究中去。我相信，到那个研究完成之后，目前论述中有待进一步完善的方面，以及其研究深度，都将会被赋予新的面貌。那么，就让我引用自己颇为喜欢的一部传纪，德国学者毛姆·布罗德森的《在不确定中游走：本雅明传》——这位传主毫无疑问应当是作者一直属意而且将在未来继续心力所系的这个历史大脉络中最为闪耀之星——中的最后一段话，以与哲罕共勉：

1994 年 5 月，布港为纪念本雅明而建的"通道"（Passages）举行了落成典礼。它的主体部分就是一段狭长的阶梯，共有 70 个台阶，镶嵌在墓园靠海一边的崖壁上。形成 30 度角的倾斜度。沿着锈迹斑斑的铁壁，一路走下去，直到尽头，令人有一种晕眩的感觉。通道尽头竖着一块玻璃屏风，从那里可以俯瞰下面的岩石和大海。游者到此不得不停下脚步。面对墓场，从隧道里走出来之前，还会面对一面未经任何修饰的粗石砌成的墙，站在通道的中轴线上，向上观望，可以一直看到围绕墓园四周的岩石的纵面。从大海到墓园：没有出路。通道尽头的玻璃屏风上刻着引自本雅明在《论历史的概念》的一句话："纪念无名之辈要比纪念名人艰难得多。但是，历史的建构就是要致力于对那些无名之辈的铭记。"

2016 年 6 月 6 日

于千岛新城客居

"人自身"实际上是"德国人"。

　　　　　　　　　　——马克思、恩格斯:《德意志意识形态》

　　19 世纪的民族运动和社会主义运动这两大浪潮在德国有着一种全然特殊的性质。

　　　　　　　　　　——弗里德里希·梅尼克:《德国的浩劫》

　　魏玛必须面对的敌人,不仅包括战败的遗产和被扩大的阶级斗争,而且还包括受到侵害的历史传统。

　　　　　　　　　　——弗里茨·斯特恩:《非自由主义的失败》

　　没有人可以自外于其所继承的历史。

　　　　　　　　　　——联邦德国总理威利·勃兰特

内容提要

本书旨在以一种政治哲学的研究进路考察近现代德国政治思想。这种研究进路将政治现实与政治思想并置（并重），使用社会－历史等多种方法相混合的研究方法。

从一种回溯式的视角看，近现代德国政治思想可以被认为是"走出'非政治的'文化"。"非政治"（nonpolitical）中的"政治"取用了对议会民主制、政党政治等对"政治"的狭义理解。近现代许多德国人所自我标榜的"'非政治的'文化"，究其实质只是表明他们摒弃了自身所不能适应的英、法、美等国的议会民主制、政党政治等运作方式，"'非政治的'文化"的背后是"权力政治"（Realpolitik）。"走出'非政治的'文化"即近现代德国人放弃了原先的政治思想立场，复归到西方世界的启蒙大传统中，与之相应的实际政治的进程，也同样是一段反复曲折的历史。

本书在具体内容上涉及对德国历史、"德国问题"、德国政治思想传统等宏观的纵览，同时对历史学家弗里德里希·梅尼克、文学家托马斯·曼、公法学家赫尔曼·黑勒和哲学家卡尔·洛维特四人进行考察，并以对"宪政爱国主义"问题的考察收尾。可以说，虽然本书并未完全和充分地覆盖所有近现代德国政治思想的具体领域，但是它已经勾勒出了相关政治思想状况和问题的全貌。

Abstract

This book is aim at research modern German political thoughts in a political philosophical approach. The object of this approach is a combination of political realities and political thoughts, and this approach uses the social – historical methods.

The modern German political thoughts could be viewed as overcoming the nonpolitical culture. The term of nonpolitics takes a narrow definition of politics, which means parliamentary democracy and party politics. The nonpolitical culture, which did some modern Germans take to glorified themselves, is the fact that some modern Germans were not used to and gave up the operation of parliamentary democracy and party politics in Britain, France and America. The underlying essence of the nonpolitical culture is Realpolitik. Overcoming the nonpolitical culture means that the modern Germans gave up their past position, returned the tradition of the Western Enlightenment. Also, the process of actual politics is twisted.

This book is about some macro overviews, such as German history, German Question and the tradition of German political thoughts. Also, it is about some investigations of historian Friedrich Meinecke, novelist Thomas Mann, public law theorist Hermann Heller and philosopher Karl Löwith.

This book is ended in a study of Constitutional Patriotism. Though this book does not fully cover all specific subjects of modern German political thoughts, it depicts a full picture of related political thoughts and issues.

目　　录

Contents

第一章

引论：对近现代德国政治思想的
一种政治哲学考察

一 考察对象

何谓政治哲学？政治哲学从字面意思上理解，首先是属于哲学的一个分支，具有哲学的一般特性①；其次它又是以政治这一人类活动的领域②为其研究对象，据此和哲学的其他分支相区别。政治哲学，作为对政治现实这种"实然"对象的"应然"的理论构想，具有一种内在的两面性：一面是与作为"实然"的政治现实相关所具有的特殊

---

① 正如美国学者谢尔登·S. 沃林（Sheldon S. Wolin）所说："在历史上，哲学和政治哲学的主要区别只是一个专门化的问题，而不是方法或倾向性的问题。借助这一联盟，政治理论家一直将哲学家对于系统知识的基本追求视为己任。"〔美〕谢尔登·S. 沃林：《政治与构想：西方政治思想的延续和创新（扩充版）》，辛亨复译，上海世纪出版集团，2009，第4页。

② 关于何为"政治领域"，其实并没有一个明确的定义，但它是可以被描述的，因此也是可以被理解的。这正如谢尔登·S. 沃林所指出的："正如其他领域改变其轮廓一样，政治领域的界限也一直处于变动之中，有时包括更多的人类生活和思想，有时则包括少些……但我想坚持的是，在重要和根本意义上，政治领域现在是，并已经是一种创造出来的领域。"〔美〕谢尔登·S. 沃林：《政治与构想：西方政治思想的延续和创新（扩充版）》，辛亨复译，第6页。

性，另一面是与作为"应然"的价值判断相关所具有的普遍性。在这"实然"与"应然"两者之间保持特殊性与普遍性二者的平衡与张力，乃是政治哲学的要义与魅力之所在：如果政治哲学过度关注普遍性层面上的抽象物，那么它不仅将失去"经验的试金石"，而且还将失去使它具有自身独特魅力的特殊性、偶然性和矛盾性——所谓分析的"剩余物"——从而沦为彻底的空洞无物；相反，如果政治哲学过度关注特殊性层面上的此时此地的个别经验，那么它就丧失在非此时此地的一般的指导性，也即它将丧失自身作为一门哲学理论的特质。所以，政治哲学比黑格尔（G. W. F. Hegel）所宣称的作为"时代精神"（Zeitgeist）的哲学更体现为一种"时代-精神"。

我们在此也须对政治哲学与政治思想这对在本书中经常出现，在学界也经常被混淆的概念做出一个必要的区分：政治思想是对政治现实的一种反映和反思，而政治哲学是对政治思想的一种反映和反思。换言之，政治现实、政治思想和政治哲学构成了反映和反思的一个二阶的层级。但是这并非意味着政治哲学只以政治思想为其对象，它在政治思想之外，还需要经常对政治现实加以参照，盖因政治思想对政治现实的反映和反思并非充分和整全的，而充分和整全却是政治哲学所要求自身尽力实现的。

本书的主要考察对象为近现代德国政治思想，也即大致所谓的魏玛共和国前后的政治思想。魏玛共和国（1918～1933）上承第一次世界大战结束、德意志第二帝国崩溃，下接纳粹希特勒上台。它存在之时正是德国的"正当性"的剧烈转型时期，加上当时欧洲范围内的各种政治思潮风起云涌和相互作用，这些在魏玛德国均得到体现，使诸多的政治现实问题和诸多的政治思想得以丰富而又清楚地呈现。因此，魏玛共和国前后这段时期作为学术界反复讨论的"经典案例"，具有其特殊的理论价值。但是魏玛共和国前后的政治现实问题和政治思想又在之前有其根源，在之后有其影响，所以在此只能将考察对象泛泛地称为是近现代德国政治思想。

本书在总论部分（第一章和第二章）概论式地讨论考察对象、研究进路、两条线索、德国历史、"德国问题"和德国政治思想传统等本书的主要问题，这些讨论实为对之后进一步讨论所做的铺垫。此外，本书也在总论部分尝试厘清许多学界至今尚未得到充分讨论的问题。

本书在分论部分（第三章至第六章）主要展开考察了四位近现代德国著名的知识分子：历史学家弗里德里希·梅尼克（Friedrich Meinecke）、作家托马斯·曼（Thomas Mann）、公法学家赫尔曼·黑勒（Hermann Heller）和哲学家卡尔·洛维特（Karl Löwith）。目下中文学界虽然对他们几位都有所涉及，但并没有对他们进行过充分的探讨，不过这并不意味着他们在魏玛德国的语境中无足轻重——若论涉及学科的跨度、在当时思想界的影响以及在德国政治思想传统中的地位，本书所讨论的四位知识分子足以生发和辐射魏玛德国前后的整个德国政治思想界。本书之所以选择他们（而非选择其他人），除去他们大体上都经历了魏玛共和国前后这段时期，本身的智识背景又都是充满德国特征的①之外，还因为我们可以透过他们在专业背景和视角上的差别，发现他们所关注的主要问题都围绕着当时德国的政治现实，并且他们通过和当时其他知识分子在德国政治思想传统的语境中所进行的各种争论，对当时的政治现实提出了自己的思考。可以说，在他们身上同时体现出传统的延续与时代的特征。此外，他们

----

① 虽然黑勒和洛维特两人从族裔上说都是犹太人，但他们缺乏犹太认同。在这点上，他们是非常不同于列奥·施特劳斯（Leo Strauss）的。

又和卡尔·施米特（Carl Schmitt）或马丁·海德格尔（Martin Heidegger）等同时代保守主义阵营中最具代表性的知识分子不同，都和纳粹保持着一定的距离。从某种程度上说，他们四人代表着德国政治思想传统在指向纳粹之外的另一种可能性，我们把这种可能性称作"走出'非政治的'文化"，从"文化政治"走向"政治文化"的可能性。因此，本书对他们的考察是双重的：一是对他们个体境遇的考察，二是对他们政治思想的考察。通过这种双重考察，我们可以更为充分地理解近现代德国政治思想。

本书最后一章（第七章）为余论（结论），讨论的是第二次世界大战后的"宪政爱国主义"这个观念。其实通过对围绕"宪政爱国主义"这个观念所进行的一系列争论的考察，我们不仅可以更为清楚地了解本书之前所讨论的内容，而且为本书留下了一个启发性和开放性的结论。

二　研究进路

本书所谓对近现代德国政治思想的一种政治哲学考察，从考察对象和研究进路两方面都实为有别于其他相关研究进路的一种研究进路。我们若加以细论，考察对象实际上是和研究进路紧密联系在一起且难以清晰分割的，虽然上文已经对本书的考察对象进行了描述，但是只有结合研究进路进行更进一步的讨论，我们方可理解本书与其他相关研究的重大区别。

在完整地阐明本书所采用的一种政治哲学的研究进路之前，我们首先要对以下五条目下学界对近现代德国政治思想所有的研究进路做出适当说明和区分，继而再与英美"政治哲学"进行比较，方可恰当地说明本书所谓的一种政治哲学考察究竟为何物。

第一条，"经济－唯物史观的"研究进路，即通过相应的经济－唯物史观的研究方法对当时社会经济领域的考察来研究近现代德国政治思想的问题。某些偏向唯物史观的历史学家们和相关领域的学者们①基于"社会存在决定社会意识"的研究进路的研究，虽然大方向上无疑是正确的，但同时也是教条的和粗糙的。在一定程度上，"社会意识"的确是可以还原为"社会存在"，但这种还原是以牺牲相关事物的复杂性为代价的。而问题在于，这些事物的复杂性并非是全然不重要的，因为它们也是这些事物的本质属性。一种政治哲学的研究进路当然不能忽视社会－经济的发展变化对政治领域所造成的影响，但同时它也不应该仅仅拘泥或受限于此，即我们不仅不能将"社会意识"分离于"社会存在"，成为"虚幻意识"，而且还必须要正视，正是因为与"社会存在决定社会意识"相伴随的"社会意识反作用于社会存在"两者共同作用才构成了丰富复杂的社会历史现象。当然，在这些经济－唯物史观的研究进路的研究中，习惯性地夹杂着用各类经济指数点缀的图表，这只能让我们嘲笑他们尝试用"定量的"方法来解决一个"定性的"问题。

第二条，"个人观察式的"研究进路，即对近现代德国政治现实的个人观察。诸如像德国记者塞巴斯提安·哈夫纳（Sebastian Haffner）和英国记者摩根·菲利普·普林斯（Morgan Philips Price）基

---

① 在这方面，除非常具有代表性的民主德国历史学家维纳·洛赫的《德国史》（北京大学历史系世界近代现代史教研室译，生活·读书·新知三联书店，1959）之外，还可以参见 Jürgen Baron von Kruedener（ed.），*Economic Crisis and Political Collapse：The Weimar Republic 1924－1933*，Oxford：Berg Publishers，1990；Klaus J. Bade（ed.），*Population，Labour and Migraton in 19th- and 20th- Century Germany*，Oxford：Berg Publishers，1987。

于自己对魏玛共和国前后政治现实的观察①所展现的。他们的作品并不缺乏对当时政治现实的敏锐观察和有预见性的评论，但这显然并非一种政治哲学的研究进路，甚至这都不能称之为是一种研究进路。当然对他们来说，本意也并非设想什么一种研究进路，可是他们的著作却对我们所要提出的一种政治哲学的考察提供了第一手的和鲜活的背景材料。哲学家卡尔·洛维特的《纳粹上台前后我的生活回忆》② 和历史学家弗里茨·斯特恩（Fritz Stern）的《我所知道的五个德国人》则是这类作品中的例外：前者在某种程度上侧重于展现当时哲学界的思想状况；后者则是作者带有历史意识地去思考大背景中的个体存在。我们需要将上述这些研究妥帖地安置为我们所谓的一种政治哲学的研究进路的背景。

第三条，"建制层面与政治科学的"研究进路，即通过对政治制度等——诸如对《魏玛宪政》、议会制度和政党情况等——的分析与研究，来探求对于政治问题的理解。③ 需要特别指出的是，某些学者对《魏玛宪法》第 48 条——即关于总统有权颁布紧急情况法令——像经院哲学般无休止地讨论，表明他们不仅觉察不到自身视野的局

---

① 〔德〕赛巴斯提安·哈夫纳：《一个德国人的故事：哈夫纳1914—1933回忆录》，周全译，花城出版社，2009；Morgan Philips Price, *Dispatches from the Weimar Republic*: *Versailles and German Fascism*, ed. by Tania Rose, London: Pluto Press, 1999。

② 〔德〕卡尔·洛维特：《纳粹上台前后我的生活回忆》，区立远译，学林出版社，2008；Fritz Stern, *Five Germanys I Have Known*, New York: Farrar, Straus and Giroux, 2007。

③ 诸如对魏玛共和国时期社会经济状况和各个政党之间得票率的比较研究，参见叶阳明《德国政治文化之发展》，台北：五南图书出版有限公司，2009。在这方面，也可以参见 Karl Rohe (ed.), *Elections, Parties and Political Traditions*: *Social Foundations of German Parties and Party Systems, 1867 - 1987*, Oxford: Berg Publishers, 1990。钱端升在 20 世纪 30 年代的重要著作《德国的政府》，（北京大学出版社，2009）也是这类经验社会科学研究的杰作。对于魏玛共和国时期普鲁士邦的政党和政治状况的思想研究，则可以参见 Dietrich Orlow, *Weimar Prussia 1918 - 1925*: *The Unlikely Rock of Democracy*, Pittsburgh: University of Pittsburgh Press, 1986；Dietrich Orlow, *Weimar Prussia 1925 - 1933*: *The Illusion of Strength*, Pittsburgh: University of Pittsburgh Press, 1991。

限，而且还对他们“精湛的”分析而感到沾沾自喜。① 其实早在 1932
年卡尔·施米特与赫尔曼·黑勒之间那场著名的法庭论辩之前，《魏
玛宪法》第 48 条早就已经被用滥掉了。② 魏玛共和国的宪政危机并不
是仅仅从制度设计或者宪法条文本身着手就可以得到有效解决的，因为
造成这场危机的，是外在于制度设计或宪法条文的历史 – 社会原因。③
政治制度作为一项人为的（artificial）事物，自然是不会完美的。但是
在实际中，不完美的制度也是可以得到很好地运行的（诸如至今仍未有
一部成文宪法文件的英国），因为政治制度和政治文化两者共同作用才
能形成政治生态，所以过多地关注建制层面，只能是片面而非全面地看
待问题。此外，我们须清楚《魏玛宪法》本身就是超越于单纯的规范性
规定而具有实质性的伦理追求。④ 需要在此着重指出的是，政治哲学并
非是像政治科学一样是一门技术性的工作，而且根据上文所述，作为研
究对象的“政治”的属性，政治科学其实也只能是一门伪科学而已。

---

① 这种情况在英美学界对卡尔·施米特的考察中尤为明显，如 Peter C. Caldwell, *Popular Sov-
ereignty and the Crisis of German Constitutional Law: The Theory and Practice of Weimar Constitu-
tionalism*, Durham（NC.）: Duke University Press, 1997; Jeffrey Seitzer, *Comparative History
and Legal Theory: Carl Schmitt in the First German Democracy*, New York: Greenwood Press,
2001。

② 在魏玛共和国这种社会经济生活并非常态的情况下，其中诸如经济行为等大量问题不可
避免地被“泛政治化”：“自宪法成立以迄一九三二年的九月底，总统根据宪法第四十八
条第二段而发的命令共有二二三之多。”（钱端升：《德国的政府》，第 104 页）“威玛
（魏玛）宪法之此条规定（《魏玛宪法》第 48 条），在威玛（魏玛）共和 14 年的岁月里
总共被适用 250 次之多。”（陈新民：《公法学札记》，中国政法大学出版社，2001，第
113 页）

③ 正如弗里茨·斯特恩所说：“对于希特勒的胜利，我们从《魏玛宪法》第 48 条到大财团等
的作用都注意到了，但是对长久以来镶嵌在德意志文化中的一种可以在政治上被利用的不
安情绪却缺乏足够的重视。”Fritz Stern, *The Politics of Cultural Despair: A Study in the Rise of
the Germanic Ideology*, Oakland: University of California Press, 1961, p. xv.

④ 正如钱端升所观察的：“德宪详列权利义务的密度和普通宪法不同；普通宪法列举人权的目
的在限制国家去侵犯人权，而德宪的目的则在昭示德意志民族政治生活的途径；前者设立
了法律上的一种界限，而后者则充满了德人所谓世界观。”钱端升：《德国的政府》，第 22 ~
23 页。

正像德裔美国政治学家卡尔·罗文斯坦（Karl Loewenstejn）指出的："20 世纪 30 年代，他（希特勒）认识到，如果军队和警察继续忠实于正当的政府，那么他将不能通过革命的手段获得政治权力。"① 希特勒后来也的确是通过议会民主制的程序上台，并最终通过《授权法》取消了议会民主制。部分学者认为希特勒正是通过魏玛的议会民主制程序而合法地上台的，这套宪政体制既无法阻止希特勒上台也无法阻止他上台后的独裁化，因而是有缺陷的，但是他们没有考虑到，希特勒完全可以绕开这套宪政体制而达到自己的目的。或者说希特勒早就已经这么做了，他通过街头斗争、暗杀中伤政敌以及内阁暗箱交易等手段——这都是在一个正常宪政秩序中并不合法和不被允许的行为——达成了自己的政治目的，当然在希特勒之前，围绕在兴登堡周围的保守主义者们通过各种政治行为已经侵蚀了魏玛民主制度的基础。魏玛共和国是一个没有相应自由民主文化却拥有议会民主制建制的国家，因此魏玛共和国的崩溃和纳粹希特勒的上台并非是建制层面而是政治文化层面的问题。如上文所述，政治制度必然是会有缺陷的，但是这些缺陷是否会被放大成为制度本身的致命之处，则取决于制度之外的事物。这也正是为何我们在考察政治现实的时候必须考虑到政治制度与政治文化二者之间的辩证关系。简要地说，这些建制层面与政治科学的研究是拘泥于"合法性"问题而忽视了背后更为重要的"正当性"问题的研究（当然，关于"合法性"与"正当性"的关系实际上更为复杂，下文会有所展开，在此不再赘言）。

第四条，"社会心理、文化与思想史的"研究进路，即以近现代德国的社会（群体性的）心理、文化和思想史等为对象的及采用相应

---

① Karl Loewenstein, *Hitler's Germany: The Nazi Backgroud to War*, New York: The Macmillan Company, 1939, p. 3.

方法的研究进路。像米尔顿·迈耶（Milton Mayer）的著作和汉斯－迪特尔·格勒弗特（Hans-Dieter Gelfert）的著作①对理解所谓的德国特性或者德国人的"民族性"是非常有价值的：前者试图通过对第二次世界大战后十位普通德国人的谈话和调查分析第二次世界大战前德国的民族性格和当时普遍的社会心理状态，后者则通过神话、常用语词、文化现象等来窥探深层次的德国特征。此外，还有一些叙事更为宏大的文化史与思想史研究，除了奥地利学者弗里德里希·希尔（Friedrich Heer）将德国放在欧洲思想史宏观的史学视野中来考察的著作②之外，还有美国学者彼得·盖伊（Peter Gray）的《魏玛文化———则短暂而璀璨的文化传奇》和美国学者科佩尔·S. 平森（K. S. Pinson）的《德国近现代史：它的历史和文化》③ 等，这些成果无疑让本书的研究受惠良多。我们不仅不能否定类似尝试或研究的价值，而且还要肯定它们的成就，但是它们的聚焦点并非是集中在政治思想问题之上，因此我们只能对其加以参照使用，而非将之等同于我们所谓的一种政治哲学的研究进路。

第五条，"施特劳斯及施特劳斯派的"研究进路，即以一种通过古希腊－古罗马－希伯来传统的古典自然法思想资源来反对现代性－虚无主义的方式考察当时的政治哲学思想的研究进路。按照列奥·施特劳斯及施特劳斯派的见解，这就是"政治哲学"的研究进路。近现代德国政治思想问题并非是列奥·施特劳斯本人的主要研

---

① 〔美〕米尔顿·迈耶：《他们以为他们是自由的：1933—1945 年间的德国人》，王崇兴、张蓉译，商务印书馆，2013；〔德〕汉斯－迪特尔·格勒弗特：《德国特征——德国人如何走到今天》，常咺译，南京大学出版社，2013。

② 〔奥〕弗里德里希·希尔：《欧洲思想史》，赵复三译，广西师范大学出版社，2007。

③ 〔美〕彼得·盖伊：《魏玛文化——一则短暂而璀璨的文化传奇》，刘森尧译，安徽教育出版社，2005；〔美〕科佩尔·S. 平森：《德国近现代史：它的历史和文化》，范德一译（上册），范德一、林瑞斌、何田译，范德一校（下册），商务印书馆，1987。

究对象，但是这构成了他的政治哲学思考的一种支撑性的背景或者说出发点之一——不过不得不指出的是，他对近现代德国政治思想问题的认识主要还是基于他的偏见之上。本书的研究并不能完全将施特劳斯及施特劳斯派撇在一边（需要承认的是，本书在很多问题上与施特劳斯及施特劳斯派分享了共同的观点，诸如他们对政治哲学与政治科学之间区分的强调等），但是本书的研究尝试以与施特劳斯及施特劳斯派的一种古典的或神秘的思想资源相比更为平实、更为现代的政治哲学进路来研究近现代德国政治思想。此外，需要指出的是，正是因为施特劳斯所受到的德国政治思想传统和自身犹太人身份的双重影响，所以他（及施特劳斯派）对很多魏玛德国问题的讨论虽然是"内在的"，但同时又是偏颇的。为了更好地理解近现代德国政治思想，我们最好是将施特劳斯作为显微镜下的对象，而非显微镜本身加以考察。当然，在一定程度上，我们在此提及施特劳斯及施特劳斯派并非是因为其在世界范围内得到足够或严肃的重视，而是因为其在目下中国学界得到了被过分拔高的重视。

须加以说明的是，就像上述五条研究进路之间实难做到泾渭分明，本书所谓的一种政治哲学的研究进路与上述五条研究进路之间，也实难做到泾渭分明。就像和亚里士多德所谓的"混合政体"一样，"混合方法论"也自有其好处。诸如美国最高法院大法官斯蒂芬·布雷耶（Stephen Breyer）在提及美国最高法院对于法律适用问题时所指出的："这些现实争议（有时还包含一些道德性争论），很少能在一种单一的理论里找到确定的答案。"① 因此，"法官应充分运用传统方法，如文义解释法、历史解释法、习惯解释法、先例解释法，以及对理发

① 〔美〕斯蒂芬·布雷耶：《法官能为民主做什么》，何帆译，法律出版社，2012，第 117～118 页。

意图和预期后果的考虑，追求适当的法律效果"①。因此，我们在这里也将采用"混合方法论"来处理问题，而且将如下文所会讨论的，"混合方法论"也正是因为作为研究对象的特殊性质所要求或相符合的。我们暂且将本书所谓的一种政治哲学的研究进路约等于一种"混合方法论"，即一种混合了各种现代人文社会学科中合适的研究方法。但是，本书所谓的一种政治哲学的研究进路究其实质乃是超越于现代学科体系非自然分立之上的一种根本性的和整全性的考察。②

为了更好地理解本书所谓的一种政治哲学的研究进路，我们还需要将它和英美"政治哲学"的研究进路进行区分。英美"政治哲学"的研究进路，即一种通过分析－规范的方式研究政治现实和政治思想的"政治哲学"研究进路。历史－社会等对象是潜藏于英美"政治哲学"背后的，但是因为它过度关注普遍必然性，所以必然要削去历史－社会等对象而注重问题的分析－规范层面。正如下文所会分析的，这条分析－规范的研究进路和德国政治思想传统中的历史－社会的研究进路是相对的。

非常清楚，甚至自明的是，科学和哲学的研究对象——或者更为准确地说现代科学和现代哲学的研究对象——是截然不同的：如果说

① 〔美〕斯蒂芬·布雷耶：《法官能为民主做什么》，第 103~104 页。
② 在很大程度上，本书所谓的一种政治哲学的研究进路受到英国学者克里斯·桑希尔（Chris Thornhill）教授的深刻影响，桑希尔的主要著作可以参见 Chris Thornhill, *Political Theory in Modern Germany: An Introduction*, Cambridge: Polity Press, 2000; Chris Thornhill, *German Political Philosophy: The Metaphysics of Law*, London: Routledge, 2007（此书中译本为〔英〕克里斯·桑希尔：《德国政治哲学：法的形而上学》，陈江进译，人民出版社，2009）；Chris Thornhill, *A Sociology of Constitutions: Constitutions and State Legitimacy in Historical-Sociological Perspective*, Cambridge and New York: Cambridge University Press, 2013。此外，韩水法教授的《什么是政治哲学》（《中共中央党校学报》2009 年第 1 期）一文通过分析施特劳斯及施特劳斯派的政治哲学思想的区分，重新定义政治哲学之政治的意义，以及他与本人关于正当性/合法性问题的讨论，对本项研究中政治哲学的定义和研究进路有颇为重要的启发意义。至于本书和笔者的博士学位论文导师应奇教授之间的隐匿联系，或者说笔者对他的"创造性的误读"，则是本项研究的基础。

科学所追求的目的是真理，那么，作为人文学科的哲学所追求的目的——特别是政治哲学所追求的目的——则应该是自由。我们权且不论在不同的具体传统之中，自由的内涵具体是什么，我们仍然可以很清楚地认识到分析－规范的研究进路并不足以达致自由作为自身的目的，因为它追求的是概念上的明晰、逻辑上的自洽和命题上的真伪。在哲学上，"真"与"自由"并非等价，而逻辑上的连贯与现实中的自由之间隔着一道"鸿沟"。反之，历史－社会的研究进路才能够达致自由——即使是在特定语境下的自由，而非普遍必然的自由——作为自身的目的。如果我们承认这两条研究进路在所追求的目的上的不同，那么，虽然这两条研究进路都被称为是"政治哲学"的研究进路，但两者之间的区别却需要得到足够认真的对待和区分。

此外，我们还应该充分认识到分析－规范的研究进路作为一种"政治哲学"方法论所存在着的局限性。如果按照分析－规范的研究进路所设想的，我们需要将人类的思想和行为（其中也包括"政治"）完全"除魅"、完全分析，那么不能被完全"除魅"、完全分析的诸如自由、价值、意义等这些和人之为人密切相关的范畴及其所蕴含的重要性和魅力，自然也将无处藏匿。虽说我们在此也要承认英美"政治哲学"并非完全不考虑自由、价值、意义等这些和人之为人密切相关的范畴，但是他们用分析－规范的研究进路来分析或界定这些对象的尝试，多是空泛或者乏力的，所以他们通常将这些对象作为一种"阿基米德点"（即不可分析而又自明的对象）来加以使用。因此，我们可以认识到，英美"政治哲学"是留有一道理论后门的。所幸的是，历史－社会的研究进路与其恰好相反，通过它可以确保人类的思想和行为的非彻底的还原性，以及这些所谓分析的"剩余物"的存在，防止它们被完全"除魅"和完全分析，这也才可能确保人之为人这个问题所应有的意义。

正如分析－规范的研究进路不能——此处并非指可不可以，而是指能不能够——解释《慕尼黑协定》，它也同样无法解释近现代德国的其他政治现实及相关政治思想。对于作为政治哲学考察对象的复杂的历史－社会背景下的政治现实及政治思想，只有通过与之相关联的历史－社会的研究进路才可以对之有效地加以（接近或者描述意义上的）考察。

可以说，本研究所谓的一种政治哲学的研究进路，便是在德国政治思想传统中所萃取出来的历史－社会的研究进路，它是区别于上文提及的另外两种被称为"政治哲学"研究进路的研究进路。它们之间的主要区别如下：它比英美"政治哲学"研究进路更"厚"，更为关注政治现实及其特殊性、偶然性和矛盾性；它比施特劳斯及施特劳斯派"政治哲学"研究进路更"薄"，在试图消除但是并未完全消除（因为正如政治的本质属性所要求的，是不可能被完全消除的）他们的研究所揭示的政治哲学的神秘性或不可理解性的同时，表现得更为平实和更为现代。简言之，它正好处在上文述及的"厚"和"薄"之间的一个微妙位置上。

如果有人疑问本书是采用一种萃取自德国政治思想传统的方法来研究德国政治思想问题，那只能说这是一个巧合，而并非一种魔幻现实主义的手法，因为只有通过对近现代德国政治思想深入的考察，方可认识到他们所提出的这种历史－社会的研究进路对政治哲学研究所具有的重要意义。这种研究进路当然也可以非常妥帖地适用于研究其他国家或其他时间段政治思想的问题，而非要求仅仅局限于"用德国的方法来研究德国的问题"这种教条。

综上所述，本研究所谓的一种政治哲学的研究进路的正面表述就是通过历史－社会的研究进路对当时的政治现实、当时主要的知识分子及他们的政治思想的多重考察。我们需要通过对当时的历史－社会的经验、背景或者语境的还原与勾勒，来揭示他们所面对的政治现实，以及产生的政治问题和对应这些问题的政治思想。这样做虽是必要的，但并非是充分的，因为这些政治问题及政治思想经过演进或校正仍然影响着今日政治哲学思考的视域，只有通过对来自特殊性事物的加工所提炼出的一些普遍性事物，方才是一种政治哲学研究进路的根本性主张。

一种政治哲学的研究进路，实则是指政治哲学的研究进路，因为正如上文所讨论的，政治哲学的研究进路实该如此，舍此无他。这是借用英国学者克里斯·桑希尔在他新近出版的书的书名中所玩的小把戏，因为在英语中，通过定冠词（a）与不定冠词（the）的区分就可以得到一个明确的区分。① 这也正是罗尔斯（John Rawls）在《正义论》（*A Theory of Justice*）一书中所采用的方式。

三 两条线索

贯穿本书的线索主要有以下两条：第一条是近现代德国的现代化进程；第二条是欧洲政治哲学思想的三次"范式转变"在近现代德国的影响或表现，不过更准确地说，后者与前者是紧密联系在同一个进程之中且不可分割的。

根据德国社会学家尼古拉斯·卢曼（Niklas Luhmann）的理论，现代社会中的政治在"水平"和"垂直"方向上获得了一种充分的

---

① 参见 Chris Thornhill, *A Sociology of Constitutions: Constitutions and State Legitimacy in Histori-cal-Sociological Perspective*, 2013。

发展。"水平"方向是指政治参与的主体范围和政治化的社会领域；"垂直"方向是指在一个主权体内权力中心渗透权力的深度和效率。如果我们将卢曼的这套看法置于本节的分析，或许可以作为一个更为明确的框架。

贯穿本书的第一条线索是近现代德国的现代化进程。作为学界〔不论是赫尔穆特·普莱斯纳（Helmuth Plessner）、卡尔·罗文斯坦、拉尔夫·达仁道夫（Ralf Dahrendorf）还是国内的李工真等〕[①] 对"德国问题"研究的共识性看法乃是：作为一个资本主义现代社会的"后来者"，和其他西欧国家相比，德国相对较晚才进入资本主义现代社会并确立现代民族国家，并且这一进程是通过在普鲁士容克贵族领导下的一系列对外战争实现的自上而下的革命所完成的（在德国历史上从未发生过一场成功的自下而上的革命）。德国实现这种转型的方式，实为有自身的特殊性根源，正如英国历史学家罗杰·普赖斯（Roger Price）所描述的："（1848 年欧洲大革命——作者注）在法国，人们通过暴力推翻了君主制度，在伦巴第 - 威尼斯则是武力驱逐外国统治者，或者如匈牙利般采取立宪方式，而在德意志联盟各国、奥地利和波西米亚，则达成协议，寻求在宪法上做出妥协。"[②] 正是通过这种与同时期其他欧洲主要国家的比较，我们可以大体认识到近现代德国发展史上所表现出来的特殊性的原因。因此，在完成统一后的德国社会中，仍然保留了较多保守的、前现代的和"非自由的"因素，同时却没有产生出有政治参与能力和意愿

---

① 相关研究可以参见 Helmuth Plessner, *Die verspätete Nation : Über die Politische Verführbarkeit bürgerlichen Geistes*, Mainz : W. Kohlhammer, 1959；Karl Loewenstein, *Hitler's Germany : The Nazi Backgroud to War*, 1939；Ralf Dahrendorf, *Society and Democracy in Germany*, Aldershot : Gregg Revivals, 1992；李工真：《德意志道路：现代化进程研究》，武汉大学出版社，2005；李工真：《德意志现代化进程与德意志知识界》，商务印书馆，2010；李工真：《德国现代史专题十三讲：从魏玛共和国到第三帝国》，湖南教育出版社，2010 等文献。

② 〔英〕罗杰·普赖斯：《1848 年欧洲革命》，郭侃俊译，北京大学出版社，2014，第 50 页。

的中产阶级和相应成熟的公民政治文化。[①]

德国这种现代化的方式被德国人自称为（或更准确地说，是自诩为）"特殊道路"（Sonderweg）[②]。这条"特殊道路"不仅因为俾斯麦统一后至第一次世界大战前德意志第二帝国在文化、科学和经济上（需要注意的是，除了俾斯麦为对抗社会民主党而提出的社会福利国家制度之外，德国在帝国建立后的几十年中，政治制度上还是裹足不前）的巨大繁荣而被人称颂，而且还成为许多后发展国家——诸如中国、日本和土耳其等——的效仿对象。关于这条"特殊道路"背后是否有法国第二帝国的战争赔款或者第二次工业技术革命之类偶然性因素的影响，也是我们须加以注意的。但这种向西对抗英法自由主义和向东对抗俄国专制主义的所谓"特殊道路"的负面效果也不可不察，即它在现实政治中阻碍了近现代德国人对资本主义现代社会和魏玛共和国的议会民主制度的接受——同时这也意味着德国对第一次世界大战后回归西欧主流思潮的拒绝，并最终为纳粹上台铺平了道路。下文将在"德国问题"的章节中对此进一步地展开。

贯穿本书的第二条线索是笔者所试图勾勒出的近现代欧洲政治哲学思想史上的三次"范式转变"在近现代德国的影响和表现。

这三次"范式转变"是指：政治哲学所基于的范式从神权到君

---

① 可以参见 Fritz Stern, *The Failure of Illiberalism: Essays on the Political Culture of Modern Germany*, New York: Columbia University Press, 1992; Konrad H. Jarausch, *Students, Society, and Politics in Imperial Germany: The Rise of Academic Illiberalism*, Princeton: Princeton University Press, 1982. 这些研究都试图说明在第一次世界大战前的德国知识分子圈子中存在着一种"非自由"的氛围，当然，这种"非自由"氛围也在魏玛共和国时期延续着。关于德国赢弱的自由主义，可以参见 Dieter Langewiesche, *Liberalism in Germany*, trans. by Christiane Banerji, Princeton: Princeton University Press, 2000。

② 关于德国现代化的"特殊道路"的具体讨论，可以参见 "The Spirit of 1914 and the Ideology of a German 'Sonderweg'" 一章的详细讨论（Wolfgang J. Mommsen: *Imperial Germany 1867 - 1918: Politics, Culture and Society in an Authoritarian State*, trans. by Richard Deveson, London: Edward Arnold Publishers, 1997, pp. 205 - 216）。

主－主权①思想的，再到古典自由主义的，最后到社会主义与民族主义的三次转变。这三次"范式转变"也大略对应于主权的来源从"君权神授"到理性－自然法再到"人民主权"的转变。② 这三次"范式转变"的过程并非单纯是在政治哲学意义上观念或概念的演进，这个过程也伴随着，或者更准确地说是跟随着社会、经济和文化的连续性发展，是在原有社会秩序和政治正当性基础的连续性的断裂或根本性变化，以及现代社会中的政治在"水平"和"垂直"方向上获得的一种发展，③ 而得以发展的。④ 现代社会中是如何面对上述这三种"范式"在不同时期、不同社会面对不同问题，在保持其核心部分的同时，各自呈现出不同的样态，而且也努力修正自身，以期维持自身的一致性和正当性。⑤

如上所述，正是因为近现代德国作为与西欧其他国家不同步的一

---

① 关于"君主"和"主权"两个概念之间的联系，从 sovereign 和 sovereignty 这两个词所共有的词根上，就一目了然了。

② 正如美国哲学家查尔斯·拉莫尔（Charles Lamore）所指出的："施米特观察到，在现代时期中，政治的一个独有特征是从王朝的正当性原则向民主的正当性原则的转变。曾经有过那样一个时代，君主实施的政治权力通过他在一个王朝血统中的位置得到证成，而这本身被视为传达上帝意志的手段。但至少从 1815 年开始，不只是君主政体，而且几乎所有形式的政府都已经声称，自己不是依据神权而是依据人民的意志来统治。"参见〔美〕查尔斯·拉莫尔《现代性的教训》，刘擎、应奇译，东方出版社，2010，第 195～196 页。克里斯·桑希尔则认为是从欧洲 1848 年大革命之后才形成抽象性的"人民主权"观念，该观念导致的后续影响在纳粹身上得到了最终的完成。参见 Chris Thornhill, *A Sociology of Constitutions: Constitutions and State Legitimacy in Historical-Sociological Perspective*, Cambridge and New York: Cambridge University Press, 2013, pp. 252-253。著名的意大利学者克罗齐（Benedetto Croce）在《十九世纪欧洲史》中则清楚地描绘了自拿破仑到第一次世界大战的一个世纪内，欧洲纷繁的政治事件背后所发生的政治思想的这种变化。参见〔意〕贝内德托·克罗齐《十九世纪欧洲史》，田时纲译，商务印书馆，2013。

③ 关于政治主体范围的扩大，黑格尔在历史哲学中有一个极好的说法："东方世界仅知'一个人'自由；希腊、罗马世界认识到'一些人'自由，日耳曼世界认识到'一切人'自由……"参见薛华《黑格尔、哈贝马斯与自由意识》，中国法制出版社，2008，第 95 页。

④ 包利民在《古典政治哲学史论》中所做出的在"强者政治学"与"弱者政治学"之间的区分，其意义也在于说明政治哲学问题在这个方向上的古今"范式转变"。参见包利民《古典政治哲学史论》，人民出版社，2010。

⑤ 关于这方面的表现，我们可以通过对自由主义发展史的重新思考来获得一个明晰的印象：自罗尔斯以来的现代自由主义思想，远不说和洛克式的古典自由主义思想　（转下页注）

个现代性的"后来者"它不仅需要面对自身现代化进程的连续性问题，而且还需要面对自身现代化进程过于快速所导致的新旧社会的断裂性问题，所以政治哲学观念的这三次"范式转变"在近现代德国并非呈现为清晰的三个顺次的阶段，而是如时空错置般地交织在一起。不过正是因为这三次"范式转变"在近现代德国时空错置般地交织在一起，我们方才可以更为清楚地认识到在这些新旧观念之间的碰撞与冲突。

生动地说，政治哲学观念的这三次"范式转变"在近现代德国的模糊形象，就像卡尔·洛维特在回忆中提到的："（纳粹上台后不久）在慕尼黑，我坐在一间咖啡馆里，有冲锋队队员在兜售明信片，上面印着腓特烈大帝、俾斯麦与希特勒的肖像。"①

下文的讨论将表明，在近现代德国，某种程度上是社会主义与民族主义这两种范式——弗里德里希·梅尼克将其称为是现代社会的两大运动——占据主导的时期，但其间又夹杂着君主－主权理论和自由主义思想。同时，也正是因为近现代德国政治思想的光谱图上有这般充分的展现，才使得我们能够更为清楚地了解相关的问题。

如果不回溯至托马斯·莫尔或闵采尔，而是从空想社会主义到卡尔·马克思的科学社会主义算起，那么社会主义思潮就是兴起于18世纪到19世纪的政治现实和政治思想的产物。各种社会主义的思想不仅广泛地存在于近现代德国的知识分子中间，而且也存在于实际的政治运作中：在魏玛共和国时期除了天主教中央党之外，在所有主要政党的基

（接上页注⑤）相比较，就算和较近的伯林（Isaiah Berlin）的自由主义思想相比较也表现出非常大的差别。在英国学者理查德·贝拉米（Richard Bellamy）的两本著作中，清晰地指出了自由主义思想因现代非自由主义思想及非英美主流的自由主义思想的挑战而修正自身，甚至部分地采纳对方的观点，但同时却努力维护自由主义的一些基本理念，诸如自由、平等、理性和自治等。参见〔英〕理查德·贝拉米《重新思考自由主义》，王萍、傅广生、周春鹏译，江苏人民出版社，2005；〔英〕理查德·贝拉米《自由主义与现代社会》，毛兴贵、檀秀侠、陈高华、郑维伟译，刘训练校，江苏人民出版社，2008。

① 〔德〕卡尔·洛维特：《纳粹上台前后我的生活回忆》，区立远译，第5页。

本主张里面，都可以发现有或多或少的社会主义成分——如果我们再深究社会主义的主张与天主教的教义在根源上的关联性及相似性，那么它们就无一能够"幸免"了。对于这个现象，我们不仅要从古代日耳曼民族的共同体主义或团体主义（corporatism）中寻找社会主义的渊源，而且还要清楚在近现代德国的语境中，社会主义并不仅仅是作为和自由主义－资本主义相对抗的一种经济领域的社会（国家政策）协调性的安排，而且还是一种相应的生活方式和伦理基础。似乎有些悲哀的是，按照深谙德国政治思想的英国学者阿克顿（John Acton）勋爵的说法，"它（社会主义——作者注）是民主精神能进入德国的仅有形式"[①]。

在第一次世界大战后，同样兴起于 18 世纪到 19 世纪的民族主义在美国总统威尔逊的"十四点"中和苏联领导人列宁的"民族自决"中得到肯定认识。民族意识自古存在，但是围绕民族国家而被政治化的民族意识——民族主义——则是近现代政治哲学的产物。[②] 民族主义兴起的原因是："民族主义恰恰在为统治秩序和共同体寻求新的统治基础；而这个基础就是建立在独立民族的意愿，以及之后更为人们所熟悉的，民族主义在鼓动和整合统治体方面的功效。"[③] 正是因为可以通过召唤一个民族（种族或虚构的共同体）一致的语言、文化、传统与历史等，有效地完成其自身内部的凝聚（和下一步必然是指向向外的发展），所以从中世纪晚期天主教体系崩溃到目下为止，民族主义一直都保持着旺盛的生命力。在近现代德国，特别是自拿破仑法国入侵以来，民族主义在德国知识分子心目中一直被认为是一种积极的

---

① 〔英〕约翰·阿克顿：《自由史论》，胡传胜、陈刚、李滨、胡发贵等译，译林出版社，2001，第 78 页。

② 参见〔英〕戴维·米勒《论民族性》，刘曙辉译，译林出版社，2010；〔德〕汉斯－乌尔里希·维勒《民族主义：历史、形式、后果》，赵宏译，中国法制出版社，2013。

③ 〔德〕汉斯－乌尔里希·维勒：《民族主义：历史、形式、后果》，赵宏译，第 19 页。

和真诚的情感，他们一直要等到第一次世界大战后，甚至要等到第二次世界大战后才能认清民族主义的消极一面——按照哈贝马斯（Jürger Habermas）的分析，对于民族主义在近现代德国的这种畸形的发展，正是因为在近现代德国政治思想之中有这样一种缺失："这种人种学的民族概念与历史学家使用的民族概念发生了冲突，因为它没有突出与民主法治国家实证法秩序、政治历史叙述以及大众交往之间的特殊联系；欧洲19世纪形成的民族意识之所以具有反思特征和人为色彩，就是因为有了这些特殊的联系。"①

如果我们从19世纪初哲学家费希特（Johann G. Fichte）后期的政治著作开始一直读到20世纪初社会学家马克斯·韦伯（Max Weber）的政治著作，我们可以清晰地发现一百多年来这些在爱国主义形式包装下的民族主义思想在那些即使是德国最为高贵的心灵中的影响。既然这些高贵的心灵都尚且如此，那么我们就只能对普罗大众——他们作为现代政治中政治活动的参与者的同时，也是政治宣传的受体——的内心躁动抱以更多同情的理解，当然这并非意味着他们不应该对之后纳粹的罪行承担什么责任。

社会主义与民族主义两者都以通过树立特殊的敌人（"他者"）的方式来涵盖数量上尽可能多数的、被动员起来的民众而实现自我的政治目标。在方法上，社会主义和民族主义两者一般而言都倾向于使用虚幻的和拟制的宗教形式：上帝的选民、神圣的使命或解放、救赎等。当然和宗教形式一样，它们也都通过各自的"教义"，即意识形态——不论是文化上的、历史上的、社会理论上的还是人类学上的——来论证自身所追求的政治目标和为此政治目标所实施的任何手段的正当性。

---

① 〔德〕尤尔根·哈贝马斯：《包容他者》，曹卫东译，上海人民出版社，2002，第150页。

因此社会主义和民族主义两者在两次世界大战期间的合流就变得非常容易理解，正如著名的美国政治学家乔治·萨拜因（George H. Sabine）所说："这一思想非常简单且极具吸引力，几乎用不着去探寻它的出处。社会应当是相互合作的，而不应当因争斗而变成四分五裂的；民族乃是每个人都归属于的那个社会；因此，每个阶级和每个利益集团都应当携起手来共同为民族利益效劳。"①

在 20 世纪 20 年代，除了在意大利贝尼托·墨索里尼由左翼社会主义工人运动转变为法西斯运动和在奥地利的社会民主党中的右翼卡尔·伦纳（Karl Renner）、奥托·鲍威尔（Otto Bauer）等的观点等典型案例之外，在魏玛德国，不论是在历史哲学家奥斯瓦尔德·斯宾格勒（Oswald Spengler）的"普鲁士社会主义"，还是在社会学家维尔纳·桑巴特（Werner Sombart）的"德意志社会主义"中，民族主义和社会主义两者都达到了各自在理论上的修正和两种理论之间相互高度的融合，并最终在现实政治中导向了纳粹。正如纳粹党的全称"德国国家社会主义工人党"② 所表明的一样，它是以民族主义为基础，并整合了社会主义中的诸多观点的，通过鼓动大众，实现对以自由主义—资本主义为主导的现代社会的一种反动。

---

① 〔美〕乔治·萨拜因著，〔美〕托马斯·索尔森修订《政治学说史》（第四版·下卷），邓正来译，上海人民出版社，2010，第 582 页。

② 将 Nationalsozialistische 翻译为"国家社会主义"实为不够准确。这个词的中文译法最早出现在 20 世纪 30 年代翻译出版的《德意志社会主义》（〔德〕维尔纳·桑巴特：《德意志社会主义》，杨树人译，商务印书馆，1935）和钱端升的《德国的政府》中。正如斯宾格勒、维尔纳·桑巴特和梅尼克所提及或表现出来的，支持纳粹兴起的正是社会主义和民族主义这两股交错在一起的思潮。在李工真翻译的《纳粹德国的兴亡》（〔德〕托尔斯滕·克尔讷：《纳粹德国的兴亡》，李工真译，人民出版社，2010）中，他就采用了"民族社会主义"这个译法。笔者认为，"民族社会主义"应该是这个词更为准确的译法，不过在本研究中还是沿用既有的"国家社会主义"译法，读者需要对此加以留意。

第二章
德国历史、"德国问题"和德国
政治思想传统

德国历史、"德国问题"和德国政治思想传统这几个问题相互交织在一起，共同构成了本书对近现代德国政治思想的一种政治哲学考察的经纬。

一 德国历史

历史并不能仅仅是从"过去发生过的事情"这一狭义的定义来理解，它实为一个具有持续性和发展性的事物。如果不对历史中的重大事件和重大时期做出适当的前后延伸，将不能完备地理解这些点和线段本身及其成因和后续影响。对政治思想的一种政治哲学考察也必定是要以相关历史背景为其参照，即在政治哲学的研究中，历史时期、历史事件、历史人物构成了研究政治思想的形成、内容和影响等的参照坐标。我们在对近现代德国政治思想进行一种政治哲学考察时，不得不时常回溯至第二帝国时期的、19 世纪早期的、18 世纪的乃至是16 世纪前期马丁·路德（Martin Luther）宗教改革运动时期的政治现实及政治思想，同时也不得不时常向后延伸至纳粹时期的、第二次世界大战后的，甚至是目下德国的政治现实及政治思想。

此外，我们还需要注意到，德国地处中欧，而且它在历史上长期处于一种分裂的状态，受邻国的影响程度较深，并产生了所谓的中欧（Mitteleuropa）意识——向东对抗俄罗斯、向西对抗英法，从而试图在中欧建立一种以日耳曼人国家为主导的秩序。可以说，德国的历史并非独立于欧洲其他国家的历史发展的，因此我们在考察德国历史时又不得不经常和同期的欧洲历史相互参照。[①]

历史上最早关于日耳曼人的文献记载大约是古罗马的恺撒（Graius Julius Caesar）在公元前 51 年所写的《高卢战记》，在其中他将生活在莱茵河另一边的众多部落称为"日耳曼人"（German），乃是因为古罗马人将莱茵河以东的地方称之为"日耳曼尼亚"（Germania），当然这些野蛮人自称是德意志人（Deutsche）。不过一直到公元98 年，古罗马历史学家塔西佗（Cornelius Tactius）在《阿古利可拉传日耳曼尼亚志》中才对日耳曼人有了较为详尽的描述——尽管有部

---

① 本研究关于德国历史和相关欧洲历史的文献除去其他章节所引用的文献之外，主要还有下列的一些。关于早期德国史的著作有〔古罗马〕凯撒《高卢战记》，任炳湘译，商务印书馆，1979；〔古罗马〕塔西佗：《阿古利可拉传 日耳曼尼亚志》，马雍、傅正元译，商务印书馆，1959 等。关于近现代德国历史的著作有 Golo Mann, *The History of Germany since 1789*, trans. by Marian Jackson, London: Pimlico, 1968；Hajo Holborn, *A history of Modern Germany: 1840 – 1945*, Princeton: Princeton University Press, 1969；Eberhard Kolb, *The Weimar Republic*, trans. by P. S. Falla and R. J. Park, Oxford: Routledge, 2nd edition, 2004；Eric D. Weitz, *Weimar Germany*, Princeton: Princeton University Press, 1990；〔英〕玛丽·弗尔布鲁克：《德国史：1918 –2008》，卿文辉译，上海人民出版社，2011等。关于近代欧洲历史的著作有 A. J. Grant and Harold Temperley, *Europe in the Nineteenth and Twentieth Centuries* (1789 – 1950), Revised and Edited by Lillian M. Penson, New Jersey: Prentice Hall Press, 6th edition, 1971；〔美〕托尼·朱特：《战后欧洲史》，林骧华、唐敏译，新星出版社，2010。另外，具有工具书性质的参考文献有 C. Paul Vincent, *A Historical Dictionary of Germany's Weimar Republic: 1918 –1933*, New York: Greenwood Press, 1997；Anton Kaes, Martin Jay and Edward Dimendberg (eds.), *The Weimar Republic Sourcebook*, Oakland: University of California Press, 1994。

分描述是基于传言。在公元 4 世纪到 5 世纪，以日耳曼人为主的"蛮族入侵"和罗马帝国内部政局的长期混乱，导致罗马帝国国势的衰退，最终西罗马帝国于公元 476 年灭亡。在内部以及外部的相互攻伐中，在西欧立足的不同日耳曼部落缓慢地和其他的民族结合并文明化（及天主教化）了。查理曼大帝于公元 800 年在罗马加冕，公元 962 年"德意志民族神圣罗马帝国"（史称"德意志第一帝国"）成立。然后这个由日耳曼人组成的松散的帝国就一直存在到了 19 世纪初。

1517 年 10 月 31 日，神学家马丁·路德发表了"九十五条论纲"，在德国境内掀起了宗教改革运动的浪潮，紧随着宗教改革运动的是德意志农民战争。1618～1648 年，欧洲各个列强都卷入因宗教和王朝利益而引发的"三十年战争"，这场战争以《威斯特法利亚和约》的签订而结束。其结果不仅基本奠定了近代欧洲各国的大致边界和近代民族国家的形成，而且也使奥地利的哈布斯堡王朝失去了对除奥地利之外其他德意志地区的实际控制，原先"德意志民族神圣罗马帝国"疆域内的各个封建势力开始日益独立。1701 年，普鲁士升格为王国，腓特烈一世成为首任普鲁士国王。1756～1763 年的"七年战争"使普鲁士国力大增，腓特烈二世被后人称为"腓特烈大帝"。

1789 年，法国大革命爆发。从 1805 年开始，拿破仑率军入侵德国，次年 8 月 6 日，奥地利战败，奥地利皇帝被迫放弃"德意志民族神圣罗马帝国"皇帝称号。这个被法国思想家伏尔泰（Voltaire）笑话为"既不神圣、又非罗马、更非帝国"的帝国被拿破仑废除。10 月，耶拿战役，普鲁士大败。1807 年，施泰因出任普鲁士首相，他和哈登贝格、威廉·洪堡、格奈森瑙、沙恩霍斯特等人一起推进了普鲁士内政、军事和教育等多方面的改革。1807 年至 1808 年冬，哲学家费希特做了著名的《致德意志民族的演说》。1813～1815 年，普鲁士在解放战争中反戈一击，最终联合其他反法国家在滑铁卢战役中彻底击败拿破仑。

在击败拿破仑之后，德国资产阶级自由派为了实现"自由"和"统一"这两个他们孜孜以求的目标，进行了一系列政治活动。但是当时的政治现实环境是德意志各个邦国的统治者们在击败拿破仑后都无意继续推行民主化改革，而且纷纷复归原先的保守立场，甚至大有变本加厉之趋向。我们如果阅读过一些马克思青年时代（特别是 1841 年到 1843 年他在《莱茵报》担任主编时期）的政论文章，就会对当时严酷的政治环境有所了解。德国资产阶级自由派于 1848 年 5 月 18 日在美因河畔法兰克福的圣保罗教堂召开国民议会，次年 3 月制定帝国宪法，但普鲁士国王拒绝了法兰克福国民议会献上的皇冠，随后国民议会被普奥两国军队驱散。自此，自由主义运动在德国偃旗息鼓，之前的很多自由派知识分子转投普鲁士军国主义旗下，他们认为只有通过普鲁士（按照俾斯麦所说的，只有通过铁和血）才可以完成德意志民族的"自由"和"统一"。

1862 年，俾斯麦上台担任普鲁士首相，通过三次王朝战争完成了普鲁士统一德国的事业（即排除奥地利在外的"小德意志方案"）。1864 年普鲁士伙同奥地利对丹麦宣战，1866 年普奥战争，同年成立以普鲁士为首的北德联邦，1870～1871 年，普法战争。1871 年 1 月 18 日，德意志帝国成立（史称"德意志第二帝国"），普鲁士国王威廉一世成为帝国皇帝（Kaiser），俾斯麦成为帝国首相。统一后的德国迅速完成了工业革命，在经济上获得了飞速的发展。在 19 世纪七八十年代，俾斯麦对内通过"文化斗争"（Kulturkampf）与天主教势力做斗争，同时又通过社会立法取缔社会民主党分化，限制社会主义工人运动（俾斯麦最早提出了社会福利国家制度）；对外则通过联合英国与俄国而孤立法国的外交政策维持欧洲列强之间的均势（被称为踩在鸡蛋上的平衡）。1890 年俾斯麦下台，泛德意志主义运动的兴起正式宣告了国内外政治平衡被打破，以及他之前一系列努力的失败。以德皇威廉二世为首的德国容克贵族和泛德意志主义（也称为泛日耳曼主义，Alldeutschtum/ Pan-Germanism）之类的激进派为了"阳光下的地盘"[①]，试图挑战当时的国际秩序，使德国走向了第一次世界大战。1914 年 6 月 28 日，奥匈帝国皇储被刺，欧洲各列强开始总动员，8 月 1 日战争爆发。

在经历了东西两线四年艰苦的战争后，德国获胜的机会已经非常渺茫，特别是当美国也加入战争之后，德国的情况进一步恶化。1918 年 11 月，基尔港的水兵哗变和巴伐利亚发生的共产党起义，加速了德国的战败。德皇威廉二世逃到了荷兰，以鲁登道夫将军为首的军方（军方在战争的后半段已经实际上控制了德国）也不愿意去承担战争失败的结果，巴登亲王将帝国首相的职位让给了社会民主党领导人艾伯特。11 月 9 日，社会民主党领袖谢德曼为了防止极端左翼斯巴达克斯派宣布建国而抢先宣布"德意志共和国"成立。11 月 11 日，德国投降，第一次世界大战结束。

1919 年 1 月 19 日，共和国的第一次国民议会在魏玛召开。选择小城魏玛并不是因为当时共和国的立国者们想和伟大的思想家歌德（Johann Wolfgang von Goethe）取得什么联系，而是因为柏林当时陷入了斯巴达克斯联盟发起的暴乱之中，直到暴乱被镇压，激进左派的领袖卢森堡和李卜克内西被杀害（1 月 15 日），政府才搬回柏林。2 月 11 日艾伯特当选总统、谢德曼当选总理，6 月 28 日德国签订《凡尔赛

---

① 出自时任德国首相的伯恩哈德·比洛（Bernhard von Bülow）的话："让别的民族去分割大陆和海洋，而我们德国满足于蓝色的天空的时代已经过去了，我们也要求阳光下的地盘。"

条约》，7月31日通过《魏玛宪法》。在此值得一提的是，第二帝国后期最为著名的民族自由主义知识分子弗里德里希·瑙曼（Friedrich Naumann）和马克斯·韦伯两人在魏玛共和国建立初期，相继过世。

魏玛共和国的危机与其说是例外状态，毋宁说是常态。共和国诞生时所处的环境离正常状态相去甚远[1]：1920年3月的卡普暴动（Kapp-Putsch）、图林根州及萨克森州的共产党起义事件；1921年签署第一次世界大战停战协定的政治家马修斯·恩茨尔贝格（Matthias Erzberger）被暗杀；1922年政治家瓦尔特·拉特瑙（Walther Rathenau）被暗杀；1923年1月11日法国和比利时入侵鲁尔地区；同年11月希特勒在慕尼黑发起啤酒馆暴动。20年代中期，在美国的经济援助下，魏玛共和国曾有过一个短暂的稳定期，但好景不长。1925年2月艾伯特逝世，4月起第一次世界大战中的德国陆军元帅兴登堡经过选举成为总统。1926年9月10日，德国加入国际联盟。而1929年华尔街的崩溃宣告了魏玛体制的存续进入了最后的倒计时阶段。经过一系列的经济、政治危机后，1930年，纳粹在国会大选中获胜，1933年1月30日，经过兴登堡总统及其幕僚的暗箱操作，希特勒成为总理，2月1日兴登堡解散国会，2月27日纳粹制造国会纵火案，3月23日通过《授权法案》，废止《魏玛宪法》和议会民主制，5月10日，德国各地发生大学生焚书活动，10月德国退出国际联盟。1934年6月30日，纳粹发起"长刀之夜"，恩斯特·罗姆和冲锋队（SA）等纳粹党中的异议分子被清除，在8月2日兴登堡逝世之后，希特勒成为元首，纳粹德国被称为是"德意志第三帝国"。

---

[1] 对魏玛德国期间社会、经济和政治的全方面乱象和危机的研究可以参见 Detlev J. K. Peukert, *The Weimar Republic: The Crisis of Classical Modernity*, trans. by Richard Deveson, London: Penguin Press, 1991。

在希特勒上台以后，纳粹不仅在内部消灭异议分子，而且还开始积极备战。1936 年 3 月，德军开进莱茵地区的非军事区，在 1936 年和 1937 年分别和日本、意大利签订《反共产国际协定》，1938 年 3 月吞并奥地利，8 月根据《慕尼黑协定》吞并苏台德地区，1939 年 3 月进而侵占捷克斯洛伐克全境，9 月 1 日，德国入侵波兰，第二次世界大战爆发。

经过 6 年的战争之后，1945 年 5 月 8 日，德国无条件投降。战后德国被分为美、英、法、苏四个占领区，后来在此基础上成立了联邦德国（简称西德，1949 年 5 月 23 日）与民主德国（简称东德，1949 年 10 月 7 日）。1952 年联邦德国和其他欧洲五国（法国、意大利、比利时、荷兰和卢森堡）成立"欧洲煤钢联盟"。1961 年，苏联在东柏林修筑柏林墙，正式将德国分隔在"铁幕"两边。1967 年，联邦德国和上述欧洲五国以"欧洲煤钢联盟"为基础成立欧共体。1989 年 11 月 9 日柏林墙倒塌，1990 年 10 月 3 日"两德统一"，并在 1991 年 6 月投票决定迁都柏林，同年 12 月旨在推进欧洲国家政治经济一体化进程的《马斯特里赫特条约》签订。

二 "德国问题"

与德国近现代历史联系紧密的"德国问题"是在近现代德国政治思想研究中一个不可回避的重要问题，但吊诡的是，"德国问题"究竟是什么，不同时代不同学者有截然不同的看法。概而言之，关于"德国问题"的定义主要有以下一些：对于其他国家的相关学者来说，如何面对在中欧出现一个完整的，而且具有侵略性的德意志国家对既存秩序的挑战，这是"德国问题"；对于 1871 年前的德国知识分子来说，如何在德国实现"统一"和"自由"两者，像其他欧洲国家一样完成近现代民族国家的建构，这是"德国问题"；对于俾斯麦统一德国后的第二帝国时期的德国知识分子来说，如何实现"权力政治"，以及和其他帝国主义国家争夺"阳光下的地盘"（比洛语）并使德国成为"世界之舵"的执掌者（马克斯·韦伯语），这是"德国问题"；对于后《凡尔赛条约》的德国知识分子来说，如何使德国摆脱《凡尔赛条约》的束缚而再度崛起，这是"德国问题"；对于经历了 20 世纪那场"浩劫"的德国知识分子来说，为何会在德国产生纳粹这样的现象，以及如何防止类似现象再次发生和如何面对德国再度的分裂——或许还有未来可能的再度统一——这是"德国问题"。

"德国问题"究竟是什么，或者什么是最为经典的"德国问题"，德国社会学家拉尔夫·达仁道夫（Ralf Dahrendorf）在考察了一遍历史上存在的各种说法之后，得出的结论乃是："德国问题"便是"为何在德国只有如此之少的人信奉自由主义民主制的原则"[①]。历史学家伦纳德·克莱格（Leonard Krieger）则通过一组问题来总结"德国问题"："对德国人依靠他们自己的力量追求一个在西方意义上的自由主义民主制，这种追求的失败是否意味着德国保守主义对一般自由主义的胜利？或是否在它的失败中，包含着德国人对待自由的一种特殊态度？如果有这样一种态度的话，那么它的组成部分又是什么？最后，对政治自由问题的一种特殊的德国进路的组成部分来说，这些永久残存着的组成部分在一直变化着的特殊历史发展的条件下又是如何缓慢前行的呢？"[②]

达仁道夫和克莱格对"德国问题"的界定又多少是和上述不同时

---

① Ralf Dahrendorf, *Society and Democracy in Germany*, Aldershot: Gregg Revivals, 1992, p. 14.

② Leonard Krieger, *The German Idea of Freedom: History of a Political Tradition*, Chicago: The University of Chicago Press, 1957, p. ix.

代不同学者对"德国问题"的不同界定相关联，我们大致可以将"德国问题"定义为：从 1848 年资产阶级自由派方案的失败到 1945 年希特勒的失败之间，德国人是如何基于他们的历史传统与政治现实，在欧洲启蒙运动相关的自由主义政治思想传统之外，或者说是与欧洲启蒙运动相关的自由主义政治思想传统相对立的地方来构建自身的政治思想传统和解决自身政治现实问题的呢？

按照哈贝马斯的看法："时代错置的三种相互兼容的原则可以解释作为典型德国特征的同一个现象：被阻碍的资本主义发展，迟到的国家和被延缓的现代性。"① 哈贝马斯的分析也可以关联于我们上文在两条线索部分的讨论。但是为了更充分地理解"德国问题"，需要将它和以下几个相关的问题联系起来进一步地考察。

首先，"德国问题"是和在第一章中所提及的"特殊道路"联系在一起的。"特殊道路"如英国历史学家詹姆斯·雷塔拉克（James Retallack）所指出的："1848～1945 年德国的发展过程，偏离了西欧其他国家'正常的'通往自由民主的道路。"② 这条道路的所谓特殊性并不单纯是因为它在现实政治中指向纳粹，③ 而且还是因为近现代德

---

① Jürgen Habermas, *Philosophical-Political Profiles*, trans. by Frederick G. Lawrence, Cambridge: Polity Press, 2012, p. 6.

② 〔英〕詹姆斯·雷塔拉克：《威廉二世时代的德国》，王莹、方长明译，北京大学出版社，2013，第 6 页。

③ 在此笔者并非像一些保守派的德国历史学家一样，试图将希特勒的罪行"一般化"，但是仍然需要承认，纳粹的所作所为，诸如剥夺公民自由的极权制度、对其他民族有组织的屠杀及其在战争中犯下的其他罪行，在那个特殊时代并非独一无二。此外，在两次世界大战之间的民主制政府的倒台，也并非什么意外，按照弗里茨·斯特恩的说法，"任何针对魏玛崩溃（原因）的严肃审查都应该从一开始就记住：20 世纪 20 年代，在整个欧洲，都普遍存在着对于民主的冷漠态度，并出现了一系列通过政变而建立起来的独裁或专制政权。第一次世界大战后建立起来的新民主政权，没有一个（或许除了芬兰之外）幸存到第二次世界大战爆发之时。魏玛共和国的存在时间比大多数其他（民主政权）更长"（Fritz Stern, *The Failure of Illiberalism: Essays on the Political Culture of Modern Germany*, p. 196）。此外，关于两次世界大战之间民主政府所遇到的宪政危机的考察，可以参见 Chris Thornhill, *A Sociology of Constitutions: Constitutions and State Legitimacy in Historical-Sociological Perspective*, pp. 275–326。

国的畸形发展在带来许多领域高速发展的同时，却产生了和这些发展不相符合的结果。换言之，"德国问题"之所以特殊，和它之所以被称为"德国问题"，乃是因为纳粹的野蛮行径是发生在高度工业化和现代化、在思想文化上做出很多贡献的，并且在各方面（不仅是在地缘上）都非常靠近和紧密联系于西欧国家的德国。如果这种类似的野蛮行径发生在相对落后的地方，便不会构成像"德国问题"一样看似难以解释的问题。人们的这种疑问正说明了"德国问题"的特殊性："在康德和歌德的国度，奥斯维辛是何以成为可能的呢？"达仁道夫的看法是："在德意志帝国时期传统的文化图式和现代的生产方式之间成功的结合，是不可持续的。"[1] 这种所谓德国"特殊道路"的发展模式实为各方面不平衡地跛足前行，这部分地回答了看似难以解释的"德国问题"的产生原因。但我们也需要注意，德国的这条"特殊道路"并非仅仅只是在现实历史中指向了纳粹，它也提供了自由主义－资本主义之外的另一种可能性。

其次，"德国问题"是与现代性－虚无主义问题联系在一起的。现代性－虚无主义问题是指在现代社会中，传统的价值业已崩溃，但是新价值却未建立（或者说根本就不能建立）。达仁道夫通过对近现代德国社会的全面考察和分析，得出第二次世界大战前大部分德国人并未完全进入现代社会，因此他将德国人称为"在现代社会中的非现代人"[2]。

对于第二次世界大战前的德国来说，虽然按照工业产值、城乡人口比重、普遍受教育程度甚至是投票主体所占总人口比重等标准来衡量，它在经济、社会和政治等方面都非常符合现代社会的特征，但是

---

[1] Ralf Dahrendorf, *Society and Democracy in Germany*, p. 398.

[2] Ralf Dahrendorf, *Society and Democracy in Germany*.

究其实质，它仍然保留有很多反对自由主义－资本主义现代社会的前现代的、保守的和 "非自由" 的因素。① 近现代德国在过于快速的现代化进程中所残留的前现代因素使得这种新旧之间的冲突或者断裂相比其他社会表现得更为剧烈。这个原因使得现代性－虚无主义问题在德国语境中成为严重的问题。② 将 "德国问题" 和现代性－虚无主义问题并置，不仅是非常典型的施特劳斯的观点，而且也还是许多其他学者的观点。③但是需要与上述观点做出区分和进一步说明的是，"德国问题" 是因为近现代德国在过于快速的现代化进程中残存的前现代因素太多，不够充分现代，所以和 "现代性－虚无主义问题" 两者结合才成为严重的问题，这个问题并非由现代性－虚无主义单方面所致。不过也正是因为德国知识分子自反启蒙－浪漫主义运动以来对启蒙运动所形成的理性主义、自由主义与资本主义现代社会的一以贯之的批判，才使得我们更为充分地认识到作为启蒙运动消极面向的现代性－虚无主义问题的重要性。

再次，"德国问题" 是与一种 "非自由" 的社会心理紧密联系的。德裔美国历史学家彼得·盖伊（Peter Gay）将魏玛共和国

① 正是因为这个原因，笔者向来反对简单地通过各类数据指标来考察政治社会的状况，政治社会等领域的问题的复杂性是远远超越于这些贫乏的数字的。

② 按照列奥·施特劳斯的观点，英美等国家之所以较好地处理了现代性问题，是因为他们在现代化的演进过程中保留了更多的传统。但是他的这种 "诊断" 无疑是错误的，因为他只看到了德国在历史发展上的断裂性问题而没有看到连续性问题，德国正是因为过多地遗留了前现代的因素才会导致现代性问题成为严重的问题。同理，第二次世界大战后许多学者将纳粹现象归于 "现代性问题"，原因之一是他们只看到纳粹利用现代技术作为实现目的的工具这层表面，却没有看清这背后残留的前现代因素才是造成这一现象的本质——第二次世界大战前，德国的保守主义思想（他们正是纳粹的主要思想来源）反对资本主义现代社会，其所依靠的正是诸如乡村生活和传统价值等前现代因素，即一种对确定性、权威性和综合性的怀旧之情。只有部分左翼学者将对资本主义现代社会的克服方向指向了未来。

③ Anthony McElligot, "Introduction: Weimar and the Limits of ' Crisis Years of Classical Modernity ' , " in Anthony McElligott (ed.), *Short Oxford History of Germany: Weimar Germany*, Oxford and New York: Oxford University Press, 2009, pp. 6 – 8.

称为是一个"没有共和派的共和国",这现象背后的根源正是保守的、前现代的和"非自由"的社会结构所导致的保守的、前现代的和"非自由"的社会意识。按照和盖伊背景相似的另一位德裔美国历史学家弗里茨·斯特恩的看法,德国社会处在一种"非自由"的状态中:"1871 年后的帝国特征似乎最好用'非自由'(il-liberal)这个术语来描述。笔者所使用的'非自由',不仅是指这种政治体制的结构、选举限制或阶级欺骗,而且还指一种精神状态。"①

正是近现代德国社会这种"非自由"的状态,导向了在现实政治上的一种错误方向:"1871 年之后,只有一小部分学术界人士在面对胜利时,仍然对德意志帝国持批判态度,并始终希望德国可以接受西方的政治体制。相反,大部分人选择离开,前往后来被称为不问政治的立场中,并接受了该立场在政治上的重要性。还有一大部分人把现存德国及其帝国主义的野心理想化,进而声明,德意志文化因其优越于西方(的特质),从而也证明了德意志的权力。"②近现代德国社会的这种思想状况到 1914 年第一次世界大战爆发时达到了集体的高潮。

即使经历了第一次世界大战的溃败,在魏玛共和国时期,除当时大部分德国社会的旧政治经济精英和一般民众外,在德国文化界与科学界,大部分精英也缺少对自身进行必要的反思,对新生的共和国也持怀疑态度,并在纳粹上台时纷纷倒向纳粹。③ 可以

---

① Fritz Stern, *The Failure of Illberalism: Essays on the Political Culture of Modern Germany*, p. xxv.

② Fritz Stern, *The Failure of Illberalism: Essays on the Political Culture of Modern Germany*, p. 4.

③ 自 1848 年之后,大部分德国的知识分子便放弃了他们的自由主义立场,将自己的命运与德国的现实政治联系起来,成为在当时德国社会中非常重要的保守主义的成分。关于文化界的情况可以参见 Walter Struve, *Elites Against Democracy: Leadership* (转下页注)

说，在魏玛共和国时期，德国知识分子中间保守主义阵营是非常强大的，而且他们都是受到尼采思想影响并具有激进倾向的保守主义者。[①]所以，弗里茨·斯特恩特别指出："尽管保守主义革命是一个欧洲现象，但是只有在德国它成为一股在智识上和政治上的决定性的力量。"[②]

德国保守主义的政治思想和纳粹思想或意识形态之间存在着实质性的区分吗？答案当然是否定的。[③] 从奥斯瓦尔德·斯宾格勒（Oswald Spengler）、卡尔·施米特、马丁·海德格尔（Martin Heidegger）到恩斯特·荣格尔（Ernst Jünger）等在魏玛时期学术圈子中和社会上都有非常重要影响力的保守主义者们，在 1933 年纳粹上台之后（甚至在这之前）——不论是对希特勒有所保留地，还是毫无保留地——都投身于国家社会主义运动中去了。虽然他们的思想并不能与以罗森贝格（Alfred Rosenberg）等为代表的纳粹思想（或意识形态）——后者是德国政治思想传统激进化了的和庸俗化了的发展产物——简单地画上等号，但却都和后者有千丝万缕的联系。可以说，他们的政治思想表现了近现代德国政治思想中消极的一面。

（接上页注③）*Ideals in Bourgeois Political Thought in Germany*, *1890 – 1933*, Princeton：Princeton University Press, 1973。19 世纪末期到 20 世纪中期德国科学家圈子，如马克斯·普朗克（Max Planck）、弗里茨·哈伯（Fritz Haber）等人都支持为德国参与第一次世界大战辩护的"1914 年理念"，而爱因斯坦则是一位在那个喧嚣的年代里为数不多的支持和平主义的德国知识分子。可以参见〔美〕弗里茨·斯特恩《爱因斯坦恩怨史：德国科学的兴衰》，方在庆、文亚等译，上海世纪出版集团，2013。

① 关于德国保守主义思想的研究可以参见 Klenens von Klemperer, *Germany's New Conservatism：Its History and Dilemma in the Twentieth Century*, Princeton：Princeton University Press, 1957；Larry Eugene Jones and James Retallack（eds.）, *Between Reform, Reaction, and Resistance：Studies in the History of German Conservatism from 1789 to 1945*, Oxford：Berg Publishers, 1997。

② Fritz Stern, *The Politics of Cultural Despair：A Study in the Rise of the Germanic Ideology*, Oakland：University of California Press, 1961, p. xxiii.

③ H. Labovics, *Social Conservatism and the Middle Classes in Germany：1914 – 1933*, Princeton：Princeton University Press, 1969, p. x.

正如学界通常所认为的，第一次世界大战后欧洲国家在各个方面衰败的氛围为法西斯主义运动提供了适合其生根发芽的土壤。[①] 在两次世界大战期间的欧洲各国，普遍存在着法西斯主义运动或类似法西斯主义的运动，其中比较具有代表性的人物有英国的莫斯利、法国的莫拉斯、意大利的墨索里尼、葡萄牙的萨拉查、西班牙的佛朗哥，以及巴尔干国家的一堆大小独裁者们。[②] 但是，法西斯运动在英、法、瑞士等国都没有成功，而在德国、意大利和其他南欧、中欧国家情况则恰恰相反——法西斯运动获得了政治权力，其中原因正如达仁道夫所说："国家社会主义这种新形式的非自由主义是根植于一个非自由主义的，即一个威权的而非一个自由主义传统的土壤之中的，它成功地在德国夺取了权力，但是在更为自由主义的国家里却失败了。"[③]

最后，"德国问题"是和近现代德国的"犹太问题"联系在一起的。"犹太问题"是指德国人如何对待生活在近现代德国境内的几十万犹太人。纳粹给出的最终答案是种族灭绝，在纳粹统治德国的12年间，欧洲共有600万犹太人被害。

从历史上说，犹太人和德国人在一起生活的历史大约有两千多

---

① 对于此问题可以参见〔英〕奥利弗·齐默《欧洲民族主义：1890－1940》，杨光译，袁晓红校，北京大学出版社，2013。下文相关章节所涉及的弗里德里希·梅尼克也持有相似的观点。此外，也有学者指出保守主义革命是德国政治思想传统对第一次世界大战后果的一种刺激性的反应。参见曹卫东、匡宇《德国保守主义革命》，载曹卫东主编《危机时刻：德国保守主义革命》，上海人民出版社，2014。萨拜因指出："法西斯党和民族社会党在第一次世界大战结束以前根本就不存在；只是到了战后，它们才从悲观失望的战败气氛中脱颖而出。"参见〔美〕乔治·萨拜因著，〔美〕托马斯·索尔森修订《政治学说史》（第四版·下卷），邓正来译，第576页。

② 关于欧洲各国在两次世界大战期间的法西斯主义运动状况和英法等国的绥靖主义政策，可以参见 Wolfgang J. Mommsen and Lothar Kettenacker (eds.), *The Fascist Challenge and the Policy of Appeasement*, Crows Nest: George Allen & Unwin, 1983; Gerard Oram (ed.), *Conflict and Legality: Policing Mid-Twentieth Century Europe*, London: Francis Boutle Publishers, 2003。

③ Ralf Dahrendorf, *Society and Democracy in Germany*, p. 400.

年，形成了独特的德国 - 犹太共生现象。^① 在近现代史上，德国犹太人为德国社会各方面的发展都做出了重大的贡献——从 19 世纪中叶到 20 世纪中叶有名的德国 - 奥地利犹太人大致有：与黑格尔同时代的国家法学家斯塔尔（F. J. Stabl）、音乐家门德尔松、哲学家马克思、文学家海涅（Heinrich Heine）、政治家爱德华·伯恩斯坦、科学家赫兹（Heinrich R. Hertz）、哲学家胡塞尔（E. Edmund Husserl）、心理学家弗洛伊德（Sigmund Freud）、科学家爱因斯坦、科学家玻恩、科学家哈伯、政治家拉特瑙、文学家卡夫卡（Franz Kafka）、哲学家维特根斯坦、法学家凯尔森、哲学家阿多诺、法学家黑勒和哲学家洛维特等——我们甚至在此都无须提及更长一串相关的著名德国犹太裔人物的名字，单举 1933 年纳粹上台之前 40 位获得诺贝尔奖的德国人中有 11 位是犹太人就可以说明问题了（1933 年德国境内的犹太人约有 50 万，还不到总人口的 1%）。德国 - 犹太共生现象在历史上并非一番和谐的景象，而是伴随着漫长的德国排犹史，根据德国历史学家克劳斯·费舍尔（Klaus Fischer）的分析，这个问题的渊源甚至可以追溯至中世纪之前。^② 德国犹太人作为一个"他者"的形象是被德国人在历史中塑造出来的：德国人将犹太人和瘟疫或麻风病联系在一起，和各类犯罪行为联系在一起，正如他们将犹太人和自由主义议会民主制或资本主义市场经济联系在一起一样，他们将他们所厌恶的事物都归之于他们所厌恶的犹太人。当然在这个过程中，德国人通过将德国犹太人塑造为"他者"这个过程的"硬币另一面"则是德国人在追求实现

---

① 关于德国境内犹太人情况的文献，最早是公元 321 年的一个判决，其中提及，在科隆有组织完备的犹太团体，由此可以推断出，犹太人在德国境内的定居史还可以往前推很久。参见 Andrei S. Markovits, Beth Simone Noveck and Carolyn Höfig, "Jews in German Society," in Eva Kolinsky and Wilfried van der Will（eds.）, *The Cambridge Companion to Modern German Culture*, Cambridge and New Yrok: Cambridge University Press, 1998, pp. 86 - 87。

② 参见〔德〕克劳斯·费舍尔《德国反犹史》，钱坤译，江苏人民出版社，2007。

德意志民族自身的"同质化"（homogenization）。

种族主义和排犹运动从历史上和地理上来说，当然并非近现代德国所独有的，抛开漫长的西欧排犹史，在两次世界大战之间的东欧和巴尔干地区的其他国家也存在着类似的现象。[①] 在近现代德国，德国犹太人处在一个相对尴尬的位置上：英、法、美等国的犹太人很好地融入了世俗生活中，东欧和中欧地区聚居的犹太人仍然保留着旧的犹太传统〔他们生活在所谓的隔都（ghetto）这样的封闭隔离环境中〕，德国犹太人的情况则是介于两者之间。因为德国犹太人所在地区的不同，情况也有所不同：在德国西部工业化和现代化程度较为发达的地区，和英国与法国一样，犹太人的犹太认同已经较为淡薄，并且已经成功地作为个体融入了当地的世俗化社会；但是在德国东部地区，社会经济结构和德国西部有很大的不同，和在东欧与中欧的其他国家一样，犹太人依旧保持着他们自身非常强的犹太传统和认同，并和当地的德国人社区之间存在着明显的分离。不论是 17 世纪的斯宾诺莎还是 19 世纪的卡尔·马克思，他们的看法都是希望通过推进犹太人（和犹太人所在社群）的世俗化进程来解决犹太问题。毕竟在水平和垂直两个方向的社会流动性都较低的像铁板一块的传统社会中，犹太人作为"他者"是无法融入其中的，只有在所有人都被打散了的和原子化了的世俗现代社会中，犹太问题才能不再成为问题。

德国犹太人伴随着近现代德国现代化发展的进程也逐渐获得了自身解放的过程，在魏玛共和国时期，甚至对犹太人在法律形式上的歧视也被废止了。在近现代德国，德国犹太人不仅在学术领域，而且在经济领域占据着和自身人口不成比例的重要地位，自第二帝

---

① 参见〔英〕奥利弗·齐默《欧洲民族主义：1890－1940》，杨光译，袁晓红校。

国后期以来，他们甚至开始在政治领域也发挥影响。德国犹太人的解放进程造成了非犹太裔德国人更多的敌视，并因为他们认为犹太人是这个让非犹太裔德国人所厌恶的现代化进程的获利者，所以将犹太人看作是这个进程的实际推动者。因此等待犹太人的并非伴随着德国的现代化进程的最终解放，而是德国社会在不平衡的发展进程中所积累的矛盾在两次世界大战期间的经济 – 政治危机中变得不可调和所带来的"最终解决"（Final Solution）——"奥斯维辛"（Auschwitz）[①]。

三　德国政治思想传统

通过上述对德国历史和"德国问题"的相关讨论，我们便可以梳理德国政治思想传统的大致发生背景：从日耳曼人最早出现在历史文献记录的两千多年以来，他们通过对自身政治现实问题的思考和与西方世界的各种主流观念——从罗马帝国、天主教、启蒙运动、法国大革命到盎格鲁 – 撒克逊式自由主义等观念——的交往和对抗中，构建出了具有自身鲜明特色的政治思想传统。正如英国学者克里斯·桑希尔所指出的："在德国国家形成的过程中出现了许多大的动荡与断裂，但是总有一些主题和关注的焦点会反复出现，它们不仅贯穿了这一整个历史过程，同时也给德国人的政治反思以一种与众不同的特征。"[②]而这种现象的根源正是因为"德国政治思想是在一种历史框架里逐步发展形成的，在这种历史框架中，稳定的、中央集权式的政治体制的

---

① 奥斯维辛集中营是当时纳粹德国修建的最大的一座集中营，也是纳粹灭绝犹太人的一个重要场所，后来此词经常被用来指代纳粹灭绝犹太人的罪行。

② Chirs Thornhill, *German Political Philosophy: The Metaphysics of Law*, Oxford: Routledge, 2007, p. 1.

建构总是断断续续的，而且建国的过程在不同的时间以非常不同的方式开始以及重新开始"①。简言之，就是历史上的一些偶然性事件被固化为一些复杂的和有惯性的"沉淀物"。

首先，为了本书研究的方便，我们必然要对本书所考察的德国政治思想传统在时间上进行一个大致范围的界定。笼统地说，德国政治思想传统的发展进程经历了几波发展浪潮：16 世纪初马丁·路德在德意志境内掀起的宗教改革运动使得德意志民族意识开始觉醒，并使得后续的德国政治思想理论家们开始超越天主教的普世性框架及神圣罗马帝国的分封制，思考新的国家形式形成之基础。此外，路德所翻译的高地德语版《圣经》意味着现代标准德语的诞生，这为之后德国文化的进一步发展提供了坚实的基础。② 自 19 世纪初法国大革命开始直至拿破仑兵败这一时期，德国思想界发生了浪漫主义运动和后续的狂飙突进运动，席勒、费希特、赫尔德、谢林与黑格尔等人已经通过与法国大革命以及与之相关的启蒙运动的政治思想拉开距离（在他们之前的普芬道夫和康德则在严格意义上属于启蒙运动的大范围之内）实现了对德意志民族意识的再确认，而且他们在这个过程中也完成了对德国政治思想传统的奠基工作，并为后来普鲁士最终实现德国统一做好了理论上的准备工作。19 世纪后半段到 20 世纪前半段，德国政治思想家们在放弃了 1848 年资产阶级自由派的政治主张之后，尝试在一个统一的民族国家的框架内（及在第一次世界大战后的情势下，在一个共和国的框架内）思考政治问题。如上文所述的，这段时期是德国的"正当性"的转型时期，加上当时欧洲范围内各种风起云涌和相互

---

① Chris Thornhill, *German Political Philosophy：The Metaphysics of Law*, p. 1.
② 依照桑希尔的看法："德国政治哲学起源于宗教改革，而且德国政治哲学的问题也起源于这一历史阶段。" Chirs Thornhill, *German Political Philosophy：The Metaphysics of Law*, Oxford：Routledge, 2007, p. 340。

作用的政治哲学思潮在这个时期均得以体现，使诸多的政治问题和诸多的政治思想得以清楚地呈现，所以这段时期的德国政治思想是最为丰富和繁荣的。但是因为在纳粹德国时期大量知识分子遭到迫害和流亡他国，以及因为在第二次世界大战后某些亲纳粹的学者遭到封杀和盟国以及德国人自身的"去纳粹化"和"再教育"等，使得其政治思想传统发生了重大的变化。不过这场大量知识人才的被动大流动，也同时使世界范围内的学术生态发生了剧烈变化，并使德国以及欧洲大陆的思想观念深刻地影响了世界其他地区，特别是盎格鲁－撒克逊世界。[①] 可以说，在第二次世界大战后，德国政治思想传统作为一个实体存在已经消亡了。因此，本书将德国政治思想传统的考察时段主要限定在19世纪中后期到20世纪中叶，即魏玛共和国前后，也就是本书在宽泛意义上所谓的近现代德国。

其次，在时间上进行一个大致范围的界定之后，我们就需要先对德国政治思想传统进行一个粗浅的定义。所谓德国政治思想传统，即是从19世纪中后期到20世纪中叶大致时间范围内，德国学者所形成的和反过来影响他们自身的一种具有鲜明德国特色的，以及有别于西方启蒙运动以来所形成的自由主义政治思想传统的政治思想传统。

德国政治思想传统是以批判原初的启蒙运动为目的和出发点的，但它并不是简单的反启蒙，更为确切地说，它是原初的启蒙运动的一个反题。从德国古典哲学至今，笼统地说，康德至新康德主义和黑格尔至新黑格尔主义实为两条不同的政治思想脉络：前者属于欧洲启蒙运动这个大传统之内，后者属于德国古典哲学以来德国政治思想对欧洲启蒙运动诸种理念的一种"反动"。后者大致正是本书所采用的在

---

① 关于这方面的研究，可以参见李工真《文化的流亡：纳粹时代欧洲知识难民研究》，人民出版社，2010。

狭义理解上的德国政治思想传统，但是前者也并非彻底无关乎这个传统，因为此二者正是在一种历史的互动中各自完全展现和实现了自身。所以正如桑希尔所说的："在许多方面，康德式的思维在德国政治思想中占据的独特地位，使得大多数主要的后启蒙时代的观点都是通过与康德的观念存有根本分歧而得以发展。"①

再次，我们还要树立一种学理探讨的态度，而非依靠所谓"政治正确"这种粗暴的态度去对待德国政治思想传统。"政治正确"的态度只能使得问题被简化，而且同时使得这个问题将不再留有多少值得被讨论的余地。有些学者将德国政治思想传统和德国政治现实联系在一起看待，这种看法虽然是非常常见的，但确实是有很多问题的。诸如英国哲学家里奥纳德·特里劳尼·霍布豪斯（L. T. Hobhouse）在《形而上学的国家论》的序言中所说，他从德国飞机扔下的炸弹联系到黑格尔的哲学②；或者像美国学者彼得·盖伊在《魏玛文化》的序言中所说，在第二次世界大战中战死的德国士兵的背包里面会装着海德格尔的著作。③ 虽然按照本书下面章节所分析的，纳粹并非像弗里德里希·梅尼克所认为的那样是近现代德国历史发展过程中的一个偶然现象或是对近现代德国历史正常发展的偏离，而是近现代德国历史发展过程中自身特性和内在矛盾到一定阶段必然会出现的一个呈现和一个结果。纳粹思想（或意识形态）正是德国政治思想传统——特别是其中保守主义思想的激进派——激进化了和庸俗化了的发展产物。但我们在此需要明确的是，德国政治思想传统与纳粹两者之间具有密切的关联性，而非简单的同一性。通过下面的考察我们可以发现，德

① Chirs Thornhill, *German Political Philosophy: The Metaphysics of Law*, p. 3.
② 〔英〕L. T. 霍布豪斯：《形而上学的国家论》，汪淑钧译，商务印书馆，2011。
③ 〔美〕彼得·盖伊《魏玛文化——一则短暂而璀璨的文化传奇》，刘森尧译。

国政治思想传统在纳粹这种在历史中转变为现实性的可能性之外，尚有其他各种并未现实化的可能性，纳粹思想及与之相关的激进派保守主义只是其中消极的方面。我们所要做的应该是从德国政治思想传统中区分出"活的东西"与"死的东西"，当然这也是本书所试图努力做到的。

同时，国内学界也大有这种不加充分考察地对待德国政治思想传统的某些自由派学者。[①] 他们这种纯然以自身意识形态为支撑的、对目下中国政治哲学研究情况有目的性的隐射和对研究对象的"粗暴"处理，并不是学理上的探讨所应采取的态度。比如目下这些自由派学者努力的对象是施特劳斯研究。不过为了对抗施特劳斯派，我们所要做的并不是像他们这样"将水和孩子一起泼出去"，而是要挖掘被遮蔽在近现代德国现实政治和政治思想背后的诸多潜藏线索。

从影响上说，虽然作为一个实体存在的德国政治思想传统似乎在纳粹德国之后（甚至是在纳粹上台之后）已经消亡了，但是它却以新的形式在第二次世界大战后的德国，乃至世界范围内保持着积极的影响。现代英美政治思想传统也正是通过对德国政治思想传统的一种批判性的接受丰富和发展了自身：著名的英国政治哲学家以赛亚·伯林正是从德国政治思想中的反启蒙–浪漫主义思想中发现了可以克服西方传统中一元论思想的多元论来作为自己的理论基础；

---

① 诸如按照徐友渔所说，要依据"各种学说对于人类获得政治文明成果和取得社会进步所作的贡献，或者与之一致、相近的程度"来衡量不同政治哲学传统的高低优劣。他在文章中通过简单和片段地摘取以康德、费希特与黑格尔为代表的德国政治思想传统和以洛克与密尔为代表的英国古典自由主义传统在主权、所有权、男女平权等观点上的不同论述，得出前者落后后者先进的结论。参见徐友渔《政治哲学与形而上学——略论政治思想中的德国传统》，《云南大学学报》（社会科学版）2008年第1期。就学界的这类倾向亦可参见任剑涛在讨论中国留学精英问题时，对德国政治思想方面的论述（任剑涛：《建国之惑：留学精英与现代政治的误解》，中国政法大学出版社，2012）。

英美宪法学界在第二次世界大战后通过对魏玛宪政危机和德国公法学理论的批判性吸收改进和充实了自身，这不仅因为大量的德国学者在纳粹德国时期逃亡到英美国家，而且还因为各国学者们在对纽伦堡审判中相关问题存在的争议；第二次世界大战后在政治哲学界兴起的共和主义－社群主义的思潮也和德国政治思想传统有密切的联系①；通过最近在剑桥大学的会议论文集《政治哲学与历史》② 中的论题也可以发现在现代政治哲学的讨论中仍然充满着德国政治思想传统的痕迹。

对中国学界来而言，德国政治思想传统甚至可以说是历来"最为熟悉的他者"。国内关于该领域的研究最早可以追溯到钱端升在 20 世纪 30 年代对德国政治的研究，现今研究条件相较于当时更为成熟：不仅有大量文献被翻译过来，而且在中文语境中也有不少原创性的研究。概略地说，除了国内法学界张千帆、舒国滢和许章润对德国公法理论，史学界李工真对德国现代化进程的译介和研究，在政治哲学和法哲学领域值得引起重视的研究还有：薛华对黑格尔法哲学、哈贝马斯商谈理论的研究；韩水法对从康德到韦伯这条线索以及市民社会、民主的结构约束等研究；童世骏和曹卫东对哈贝马斯政治哲学的译介

---

① 根据德国哲学家阿尔布莱希特·韦尔默（Albrecht Wellmer）的观察："（社群主义对自由主义的批判）的目标主要是自由主义理论的'原子式的'个人主义，这种理论被看作自由主义社会的病态和反常的意识形态反映。""对自由主义者来说，个人权利形成现代自由主义和民主传统的规范内核，而社群主义者宁可强调惟独能够使自由主义权利成为社群主义生活方式内部的一种生产性力量的那些被遗忘的条件或前提。"〔德〕阿尔布莱希特·韦尔默：《后形而上学现代性》，应奇·罗亚玲编译，上海译文出版社，2007，第 225、228 页。关于查尔斯·泰勒（Charles Taylor）或金利卡（Will Kymlicka）等人的思想研究，可以参见应奇《从自由主义到后自由主义》，生活·读书·新知三联书店，2003。

② Jonathan Floyd and Marc Stears（eds.），*Poitical Philosophy versus History? Contextualism and Real Poitics in Contemporary Political Thought*，Cambridge and New York：Cambridge University Press，2011.

和研究；高全喜和刘擎对德国政治思想与现代性问题的研究；高力克对德国国家学和强国家主义的研究；庞学铨对第二次世界大战后德国政治思想的译介与研究；应奇对法兰克福学派后期与社群主义、共和主义的比较研究；周濂和刘毅等对正当性问题的研究；以及前些年兴起的对施米特法哲学的研究热潮等。此外，在我国台湾地区也有很多研究值得引起重视：萧高彦对黑格尔法哲学的重构性研究，陈新民对近现代德国公法学史的梳理性研究和林远泽对哈贝马斯社会－政治理论的研究。上述这些研究不仅对德国政治思想有非常深入的考察，并且大部分学者都带有自身问题意识地在中文语境中重构了德国政治思想的问题与观念。

具体地说，我国台湾地区的政治理论家萧高彦通过将黑格尔的法哲学重构为共和主义来进一步发展了德国政治思想传统中积极的因素，他认为："黑格尔所主张的具体自由实为收纳了自由的社会系落（social context）的理念，也可以说是一种制度化的政治自由。在精神上接近于共和主义，而非近代的各种极权主义意识形态。"① 此外，从事德国哲学研究工作的薛华通过对黑格尔以及哈贝马斯与黑格尔之间关系的解读对理解和发展德国政治思想传统中具有生命力的内核也贡献良多。②

最后，我们从处在德国政治思想传统范围内相关的不同德国政治思想理论家的政治思想中可以发现他们的思想"交叠共识"似地存在着许多相似之处，正是他们这些有别于他国政治思想传统（尤其是西欧国家自启蒙运动以来所形成的自由主义政治思想传统）的非常明显

---

① 萧高彦：《理性公民共同体：黑格尔民主理念之重构》，张福建、苏文流主编《民主理论：古典与现代》，中研院中山人文社会科学研究所专书（35），1995，第81~82页。
② 参见薛华《黑格尔、哈贝马斯与自由意识》，中国法制出版社，2008。

的相似之处，才使得他们的政治思想实质性地联结为一个传统。这些相似之处，如加以总结，便是以下德国政治思想传统所具有的五个相互联系的特征。①

第一，德国政治思想传统主要关注的对象是国家，或者说，国家在德国政治思想传统中具有一个非常重要的地位。

国家之所以在德国政治思想传统中一直处于一个非常重要的位置，一是因为日耳曼人在历史上一直以来所具有的共同体主义或团体主义的传统；二是因为日耳曼人同时在历史上一直缺乏一个属于自己民族的强力国家。在俾斯麦统一之前的德国范围内，各种政治势力并存，诸多邦国都离心离德。19世纪初拿破仑法国的入侵战争揭开了德国人的遮掩布，将问题赤条条地摆在了德国人面前。德国人为了完成"自由"与"统一"，以及进而与相邻的民族、国家抗衡，需要自己也拥有一个强力国家的出现以消除各种并存的政治势力，使德国人团结一致。但是在普鲁士通过三次王朝战争完成德国统一后，帝国内部依旧显示为一种碎片化的社会状态。俾斯麦在统一后所推进的与天主教以及与社会主义工人政党的斗争，目的都是为了消弭这种多元分立。不过即使到魏玛共和国时期，德国社会依旧是呈现为碎片化的状态。②对于当时的情况，从民族上来说，除了在东部有一定数量的波兰人，北部有一定数量的丹麦人，内部还散居着一定数量的犹太人等少数族裔；从经济生活上说，东部是以容克贵族的传统农业经济为主，而西部则是以现代化的重工业商业经济为主；从宗教信仰上说，北方是以

---

① 在此我们应多加留意的是，虽然下面的讨论将会使用一些相关学科中老生常谈的概念，但是这些概念在近现代德国政治思想语境中的使用有别于其他语境（特别是在盎格鲁－撒克逊语境）中的使用。

② 参见李工真《德国现代史专题十三讲——从魏玛共和国到第三帝国》，湖南教育出版社，2010，第57~68页。

路德宗新教信徒为主，南方是以天主教信徒为主；从政治上说，从最右翼的极端保守主义、民族主义政党到最左翼的共产主义政党都不乏一定数量的支持者。这种由于各地区在历史传统和发展水平的不同步所导致的社会碎片化状态造成了严重的社会分歧。这些社会分歧原本在帝国时期的君主制框架之下尚可以在一定限度内得到维持，但是在魏玛共和国的议会民主制度下，它们不仅没有被很好地容纳在议会民主制度之内，而且这些分歧还被议会民主制度放大了，所以当时的德国人和他们在历史上所要求的一样，召唤一个能替代议会民主制以及消除这种社会分歧状态的强力国家的出现。因此，我们可以在德国政治思想传统中发现，他们不仅拒斥了自由主义思想中关于国家起源的社会契约论，而且还赋予了国家不同于它在自由主义思想传统中的多重含义："（对德国人而言——作者注）国家对于确定与体现促使社会有序的那些原则具有普遍的解释力，同时国家也包含了统一与团结的原则，这些原则都不可能是从具体的社会利益的基础上推导出来的。"①

在德国政治思想传统之中，国家是联系于民族或共同体的，它是外在于，而且高于和统摄社会的，是"权力"和"文化"的综合统一体。德国人的这种国家观显然是根本上有别于盎格鲁—撒克逊传统中国家只是个人私利的保护者这种观点，德国人在国家这个观念之下灌输了太多的内容。但是在近现代德国政治思想中，国家还并不仅限于此。依照黑格尔的看法，它是具有人格属性的和具有伦理和形而上维度的"地上的神物"。德国政治思想传统中关于国家的观点在黑格尔的政治著作（特别是在他后期的《法哲学原理：或自然法和国家学纲要》）中得到了最为明确的和最为典型的表述，按照黑格尔的说法："国家是伦理理念的现实——是作为显示出来的、自知的实体性意志

---

① Chris Thornhill, *German Political Philosophy: The Metaphysics of Law*, p. 2.

的伦理精神，这种伦理精神思考自身和指导自身，并完成一切它所知道的。"① 正如有论者所指出的："通过对德意志帝国在威斯特伐利亚和约之后的没落状况所做的极为精彩的分析，黑格尔证明了上述主张（即"德意志已不再是一个国家"——作者注）。他论证说，德意志已变成了一个由实质上彼此独立的单位组成的无政府状态的集合体。德意志只是一个意指'过去伟大'的称谓而已，但是作为一种组织制度，它已同欧洲政治的现实状况完全不相符合了。具体来讲，它肯定与现代君主制在法国、英国和西班牙所创建的统一的民族政府形成了鲜明的对照，因为意大利和德国并没有发展出这种统一的民族政府。然而，历史的分析显然只是一种手段，而不是目的。黑格尔的目的是要提出这样一个问题，即德意志如何才能成为一个真正的国家？"② 德国人的这种国家观并非一种虚幻的意识，而自有其在近现代德国历史中的渊源："黑格尔的哲学给'国家'这个词加上了神圣的灵光；这在一个英国人看来纯属滥用感情的结果，而对德国人来说它却表达了他们真实而迫切的政治愿望。"③

不过后来捷尔吉·卢卡奇（György Lukács）对黑格尔的国家观有过批判："黑格尔和马克思是在现实本身上分道扬镳的。黑格尔不能深入理解历史的真正动力。一部分原因是，在黑格尔创造他的体系时，这种力量还不能完全看明白。结果他不得不把民族及其意识当做历史发展的真正承担者。"④ 卢卡奇的分析承继于马克思对黑格尔的批判，

---

① 〔德〕黑格尔：《法哲学原理：或自然法和国家学纲要》，张启泰、范扬译，第253页。
② 〔美〕乔治·萨拜因著，〔美〕托马斯·索尔森修订《政治学说史》（第四版·下卷），邓正来译，第319~320页。
③ 〔美〕乔治·萨拜因著，〔美〕托马斯·索尔森修订《政治学说史》（第四版·下卷），邓正来译，第337页。
④ 〔匈〕捷尔吉·卢卡奇：《卢卡奇文选》，李鹏程编译，人民出版社，2008，第18页。

但是马克思对黑格尔法哲学的批判中又吸收了黑格尔对于市民社会的批判。不过,在黑格尔之后,马克思及各类马克思主义流派都认为人民实为国家之基础和目的,但是他们这边的"人民"实为复数的"类存在"(species-being),而非单数的"个体"(individual)。

此外,德国政治思想传统中的国家观又可以联系到他们特殊的自由观,即是在制度内的或符合秩序的自由,这也被人称为"内在的自由"。德国政治思想理论家们,正如桑希尔所说的,"通常将国家界定为人类自由的前提条件,而并非它的束缚或敌人"。① 黑格尔认为:"自在自为的国家就是伦理性的整体,是自由的现实化;而自由之成为现实乃是理性的绝对目的。"② 但是德国人的这种自由观却是与当时欧洲的主流意识形态大有区别:"在德国的政治中,个人权利的理念在以往和当时对德国人的政治觉悟所具有的作用都是很微弱的,远远比不上它对法国人和英国人的思想所起的作用。自然(或天赋)权利哲学作为一种理论当然为德国人所深刻了解,但是它在某种意义上只限于小圈子而且也只是个学术问题,正如德国自由主义运动在 1848 年所证明的那样。"③ 而"在法国和英国,自然(或天赋)权利曾是为反对君主制的民族革命所做的一种辩护,可是在德国却不曾发生革命。德国人在此前也从未认为维护私人判断和个人行动自由以对抗国家是民族本身所具有的一种至关重要的利益"④。德国人的这种自由观又可以和古希腊人关于"城邦与人"的看法关联起来,不过马克思在《黑

---

① Chris Thornhill, *German Political Philosophy*:*The Metaphysics of Law*, Oxford:Routledge, 2007, p. 2.
② 〔德〕黑格尔:《法哲学原理:或自然法和国家学纲要》,张启泰、范扬译,第 258 页。
③ 〔美〕乔治·萨拜因著,〔美〕托马斯·索尔森修订《政治学说史》(第四版·下卷),邓正来译,第 337 页。
④ 〔美〕乔治·萨拜因著,〔美〕托马斯·索尔森修订《政治学说史》(第四版·下卷),邓正来译,第 337 页。

格尔法哲学批评导言》中指出："那些好心的狂热者，那些具有德意志狂的血统并有自由思想的人，却到我们史前的条顿原始森林去寻找我们的自由历史。但是，如果我们的自由历史只能到森林中去找，那么我们的自由历史和野猪的自由历史又有什么区别呢?"①

黑格尔之后，德国政治思想传统中的后续理论家们都继续围绕着国家这个对象进行自己的理论构建，甚至还产生了国家学（Staatslehre）这样一门专门研究国家及相关问题的学科。在德国国家学之中，大部分学者都倾向于认为国家应该是实质性的（substanctial 或 material），而非简单的形式上规范原则的产物。诸如对卡尔·施米特而言，国家是关乎政治的，而政治概念又是世俗化了的神学概念。② 第二次世界大战后，新康德主义哲学家恩斯特·卡西尔（Ernst Cassirer）则试图通过他生平最后一部著作《国家的神话》来破除德国政治思想传统中这个"国家的神话"。③

第二，德国政治思想传统"通常将权力的自由或意志论的一面与法律的理性或规范必然性的一面看成是二律背反的，它总是被要求在任何确定的规范性背景之外对权力的形成做出说明"④。

这个特征是和第一个特征中德国政治思想传统中的理论家们对国家的定义紧密联系在一起的。虽然从早期的德国自然法法学家普芬道夫（Samuel Von Pufendorf）到康德时期的德国知识分子对自然法和社会契约论做过非常深入和有影响力的研究，不过后来的德国政治思想传统却逐渐背离了这些启蒙运动范围内的自然法和社会契约论思想。

---

① 〔德〕马克思、〔德〕恩格斯:《马克思恩格斯全集》第三卷，中共中央马克思恩格斯列宁斯大林著作编译局译，人民出版社，1960，第 235 页。
② 参见〔德〕卡尔·施米特《政治的概念》，刘宗坤等译，上海人民出版社，2004。
③ 参见〔德〕恩斯特·卡西尔《国家的神话》，范进译，华夏出版社，2003。
④ Chris Thornhill, *German Political Philosophy*: *The Metaphysics of Law*, p. 2.

德国政治思想中一般都倾向于认为"公法"和"私法"所要处理的问题是有"质"的而非"量"的区别，因此无法用一种像社会契约这样的契约性的行为来规定国家及相关问题。不过康德的生发性就在于他的理论总是为之后其他德国思想家的思想发展留有后门，诸如在此处讨论的德国政治思想传统的第二个特征其实在他《纯粹理性批判》中对第三对"二律背反"的解决设想中就可以清晰地寻得踪迹。

这个特征的实质正是后来由马克斯·韦伯总结提出的贯穿近现代德国政治思想的"正当性"/"合法性"（Legitimität/Legalität, Legitimacy/Legality）的"二律背反"问题。最早"正当性"问题有其神学上的背景，如卡尔·施米特在《政治的概念》中所论及的，"现代国家理论的所有重要概念都是世俗化了的神学概念"①，只是在神学理论和形而上学理论逐渐衰退后，"正当性"问题才转化为由历史－社会研究进路研究的对象，当然同时实证主义的兴起也使得对"合法性"问题的研究日益得到重视和扩展。因此这个特征又和下述第五个特征产生了联系，依照桑希尔的观察："在处理正当性这一问题上，德国政治思想通常与其他政治哲学传统中所流行的规范的或社会契约论的趋向，尤其是和英国与美国的很不同，德国政治思想通常对正当性的纯粹规范性的分析充满了怀疑，它通常是以历史学的术语，或者像最近一样以社会学的术语来处理正当性的问题。"② 这也就是施米特所说的，自由主义议会民主制不是（也不可能）从自由主义中产生出来的。这也正直击实证主义法学的"七寸"——关于产生整个规范系统的"元规范"是何以产生的问题。若要合适地解决这对"二

---

① 〔德〕卡尔·施米特：《政治的概念》，刘宗坤等译，第24页。
② Chris Thornhill, *German Political Philosophy*: *The Metaphysics of Law*, p. 3.

律背反",我们必须首先要将"正当性"和"合法性"视为两个领域的问题。当然后来的德国社会学家尼古拉斯·卢曼进一步细分了这对概念,并将"正当性"归诸政治系统,将"合法性"归诸法律系统。

德国政治思想传统中的"正当性"/"合法性"的关系问题又是和人文主义倾向、反形而上学倾向两个倾向联系在一起的,也即展现出一种发展自德国古典哲学的"人本学"(Anthropologismus)倾向。正如桑希尔所指出的:"它把对正当状态的探索与人类本质、人类自由与人类自我形成的探索结合在一起。"① 这是因为他们认为,"从错误的或简单的理性因果性或必然性的结构中派生出秩序之源,使得理性的或形而上学的法压制了正当性中的基本的自由层面"②。德国政治思想传统中的理论家们"不断地在有关法律的形而上学观点中认识到自相矛盾的要素,也不断地想脱离形而上学的预设来确定法律的起源,将正当性的来源建立在完全自由的基础上"③。依照桑希尔的看法:"在整个德国政治哲学史中,德国政治哲学理论学派之间所发生的争论通常都在于,一个学派力图指责另一学派的成员是形而上学家:即作为理论家,他们只能在形而上学的意义上为人法与人类自由的状态提供一种矛盾的、虚构的或贫乏的解释。"④ 但同时非常悖论的是,他们自己为了解释"正当性"问题,又不得不在其中偷偷地加入形而上学的"私货"。这乃是因为"正当性"问题必然是有其形而上学上的根源的,若舍弃其形而上学的根源,结果只能有二:一是陷入彻底的虚无主义,二是在具体的社会－历史状况中寻求一

---

① Chris Thornhill, German Political Philosophy: The Metaphysics of Law, p. 6.
② Chris Thornhill, German Political Philosophy: The Metaphysics of Law, p. 6.
③ Chris Thornhill, German Political Philosophy: The Metaphysics of Law, p. 6.
④ Chris Thornhill, German Political Philosophy: The Metaphysics of Law, p. 341.

个着力点。因此,我们便可以非常容易得理解为何诸如黑勒、施米特(后期"具体秩序"理论时期)、汉娜·阿伦特(Hannah Arendt),甚至是哈贝马斯等人的理论均致力于"政治/公共"场域的恢复,因为他们的目的都是为了解决作为权力基础的"正当性"是如何产生的问题。

第三,德国政治思想传统具有一种反对"普遍主义"的"特殊主义"倾向。

我们可以通过著名的英国政治哲学家以赛亚·伯林对康德之后的反启蒙运动、狂飙突进运动等发生在德国(主要是在普鲁士)的思潮的述评认识到赫尔德、谢林和席勒等人的思想特质——一种对当时以法国为代表的启蒙观念的反对。如上文所述,德国政治思想传统是通过与欧洲主流观念的相互交往和对抗塑造自身的,而且这也可以联系到第一个特征,即德意志人试图将国家这一人格作为政治秩序的凝聚力的中心,而反对瓦解这个目的的其他观念。因此,在德国政治思想传统中,德国政治思想理论家们对从天主教、自然法到资本主义等欧洲历史上的那些所谓的"普遍主义"观念都抱以一种深刻的怀疑。

在历史上,上述这些"普遍主义"的观念在德国一直是处在被边缘化的地位。正如德国历史学派的教条之一便是"特殊性可以上升为普遍性,而普遍性无法还原为特殊性",这正说明了他们相较于抽象的、无内容的观念更倾向于具体的、有内容的观念。在德国政治思想传统中的这个特征,并非按照我们通常所理解的简单的"普遍性"与"特殊性"之分,因为在这个传统中的政治思想理论家们通常都认为他们是在用一种更为"高级"的、有内容的"普遍性"克服没有内容的、抽象的"普遍性"。按照薛华的理解,这正如黑格尔所强调的

"具体的普遍性"的特质："这种普遍是具体的普遍，因而是有内容的，有其现实性的，它必然显现出来，进行分化或'判断'。"①

但是卡尔·马克思在《德意志意识形态》中一针见血地指出，在德国古典哲学中，"'人自身'实际上是'德国人'"②。在德国政治思想传统中的这种所谓有内容的"普遍性"对无内容的"普遍性"的拒绝，只是基于当时德国政治现实中的"特殊性"对同期西欧主流观念的"普遍性"的拒绝。但是他们的这番努力却为我们今后政治哲学的思考开启了另一条非常有意义的思路：他们的思考让我们充分认识到，自启蒙运动以来西欧政治思想中所形成的"普遍性"观念并非像他们自身所设想的那样普遍。

第四，在德国政治思想传统中，政治思想理论家们通常对现代性社会、资本主义、技术、原子化的个人和自私自利等一系列相互关联的范畴有一种深刻的敌视。

这个特征是与第一个特征联系在一起的，这不仅是因为如桑希尔所提及的在德国政治思想理论家们看来："私人利益，尤其是私法凭其自身并不能为政治秩序提供基础。"③ 而且像有论者所指出的："黑格尔采取了一种把私法同公法或宪法加以对堪的进路，而这乃是英国的政治思想闻所未闻的。这相当于他后来把国家与市民社会进行对堪的进路。"④ 而"黑格尔继续根据公法与私法的区别来解释封建国家与现代国家的区别。他认为，封建主义是一种把公职当成与私有财产一样可以买卖的私人差事的典型制度。与之相反，国家的出现乃是以真

---

① 薛华：《黑格尔、哈贝马斯与自由意识》，第68页。
② 〔德〕马克思、〔德〕恩格斯：《马克思恩格斯全集》第三卷，中共中央马克思恩格斯列宁斯大林著作编译局译，第48页。
③ Chris Thornhill, *German Political Philosophy: The Metaphysics of Law*, p. 4.
④ 〔美〕乔治·萨拜因著，〔美〕托马斯·索尔森修订《政治学说史》（第四版·下卷），邓正来译，第321页。

正的公共当局的产生为基础的,而这种当局不仅被认为在性质上高于含括私人利益的市民社会,而且还被认为有能力指导整个民族去完成它的历史使命"①。

他们对现代性社会、资本主义、技术、原子化的个人和自私自利等一系列相互关联的范畴的拒斥不仅是因为他们质疑"由资本主义的刺激所产生的社会上各自分离的经济自主性的力量何以能统一到一种政治机构下"②,而且还如桑希尔指出的:"有一种信念在德国后启蒙时代的政治思想中占据着统治地位,即启蒙当中所存在的关于以契约的方式约束法治国与私法自主性的自由主义理念,导致了对政治生活的一种原子主义式的、贫乏的分析,它们通过把不可靠的、破坏性的自由观念运用于结构复杂的国家机构,从而减少了政治的自由。"③

此外,这个传统中的德国政治思想理论家们还倾向于认为现代性社会、资本主义、技术、原子式的个人和自私自利等一系列相互关联的范畴是导致人类异化和现代性 – 虚无主义的原因。在近现代德国,不论是保守主义者还是社会主义者都对资本主义这种生活样态持有拒斥与否定的心态,他们所希望的是克服、超越或扬弃这种生活样态,诸如像早期的浪漫主义便是这般认为的:"与原子式个人主义相比,他们提供了社会生活的有机概念,和把国家看成世俗上帝的神秘观点,认为国家在自身当中统一了个人的精神力量,并能指导它们达到更高的理性和道德目标。"④ 这个特征及其原因在黑格尔对市民社会的

---

① 〔美〕乔治·萨拜因著,〔美〕托马斯·索尔森修订《政治学说史》(第四版·下卷),邓正来译,第338页。

② Chris Thornhill, *German Political Philosophy: The Metaphysics of Law*, Oxford: Routledge, 2007, p. 9.

③ Chris Thornhill, *German Political philosphy: The Metaphysics of Law*, p. 129.

④ 〔意〕圭多·德·拉吉罗:《欧洲自由主义史》,〔英〕柯林伍德编译,杨军译,吉林人民出版社,2011,第107页。

批判中则显示得非常清楚，① 在马克思对资本主义的批判和尼采到海德格尔以来德国思想家们对现代性社会的批判中，这个特征也表露无遗。即便是在法兰克福学派对晚期资本主义社会的诊断中，我们也可以发现德国政治思想传统中这种对现代性社会、资本主义、技术、原子化的个人和自私自利等一系列相互关联的范畴所持有的一种消极态度的痕迹。

正是在德国政治思想这个特征的影响下，在近现代德国知识分子中间存在着一种"历史中的文化诱惑"。尼采和特赖奇克（Heinrich Gotthard von Treitschke）等人在德国和西欧国家之间做出了"文化"和"文明"的区分。按照下文所提及的托马斯·曼对这个区分的解释：德意志特性的"文化"是和西方国家的"文明"相对立的，前者是感性的、更具有人性和自由的、非政治的文化；后者则是理性的、机械的和政治化的文明，在这两者之间存在不可调和的矛盾。② 不过他们所谓"非政治的文化观"中的"非政治"只是针对西方国家基于政党议会制度的政治行为，而并非纯粹的"非政治"，因为他们不仅通过文化实现认同，而且还通过这种"文化"的维度为政治活动中"权力"的维度提供道德或伦理上的论证。③

---

① "黑格尔在这里更详细地展示了市民社会的主要特点和性质是特殊与普遍的矛盾，个人和社会的矛盾。这种矛盾表现为普遍虽然支配着特殊，社会虽然支配着个人，但特殊却表现为脱离普遍，个人却表现为游离于社会。换句话说，社会和个人、普遍和特殊的关系不是直接表现为内在统一，而表现为外在关系。也可以这样来表述：市民社会的整体性，表现为整体的非整体性，市民社会人的社会性表现为人与人的非社会性，表现为孤立个人的杂多性。"（薛华：《黑格尔、哈贝马斯与自由意识》，第68页）

② 正如有论者所指出的："在托马斯·曼的语汇里，'文明'特指与'文化'相对立的英法现代文明。它一方面包括英国以物质主义、功利主义为基础的现代资本主义，另一方面包括法国大革命以后的共和、议会、民主政体。"谷裕：《由〈魔山〉看托马斯·曼对保守主义的回应》，载曹卫东主编《危机时刻：德国保守主义革命》，上海人民出版社，2014，第289页。

③ 按照与韦伯同时代和同政治立场的民族自由主义者弗里德里希·瑙曼的看法，应该在德语里删除"文化"（Kultur）这个词汇，因为它凝聚着太多非自由主义的含义。

第五，德国政治思想传统中最为主要的研究进路便是历史－社会进路，而非分析－规范进路。这条道路是通过对所谓康德启蒙式政治哲学的克服（或超越）而实现的，即"对康德启蒙的反对主要表现为以下方面：第一，从作为个体的人那里来演绎自由根本就不能理解人是如何在具有公共结构的历史语境中形成与实现的；第二，从形式规则中演绎自由根本就不能认识到人是如何才能在那些逐步发展且不带任何抽象强制的规则之下自由地生活"[1]。桑希尔观察到："（从德国政治思想传统的视角看来——作者注）社会的宪政结构和政治建制的正当性只能被规范分析无力地刻画。"[2]

分析－规范的进路即是将概念置于逻辑之中进行推演，通过命题系统来拒斥形而上学和构建普遍必然性的秩序，这是和欧洲启蒙运动以来的自由主义政治哲学传统密切相关的。与前者相反，历史－社会的进路则是试图将研究的问题置于历史－社会的语境之中，用历史的逻辑或者事实的逻辑去研究相关的问题，这是和德国古典哲学以来的政治哲学传统密切相关的。

与英美"政治哲学"的正当性证成方式不同，德国政治思想传统中的历史－社会的研究进路"倾向于描述那些导致正当性产生或者丧失的历史与社会过程，根据其独特的社会与历史环境来解释正当性的性质。正因为这一原因，抽象的或非历史的规范理论传统在德国从没有完全占据过核心地位，德国政治理论难以与起源于历史学中的解释性的方法论相分离"[3]。所以我们便可以发现在德国政治思想传统中，政治思想理论家们通常是运用社会学、历史学、法学，甚至是形而上

---

[1] Chirs Thornhill, *German Political Philosophy*: *The Metaphysics of Law*, p. 129.

[2] Chris Thornhill, *A Sociology of Constitutions*: *Constitutions and State Legitimacy in Historical-Sociological Perspective*, Cambridge and New York: Cambridge University Press, 2013, p. 8.

[3] Chris Thornhill, *German Political Philosophy*: *The Metaphysics of Law*, p. 3.

学或神学的方法来对待政治哲学问题。

在第二次世界大战后直至目下的政治哲学界中，撒克逊－盎格鲁传统的分析－规范的进路因为政治现实的问题（所谓的英语霸权问题）非常反讽地占据着主导性的话语地位，即使像哈贝马斯或者奥特弗利德·赫费（Otfried Höffe）等德国政治思想理论家也深受分析－规范进路的影响，不过德国政治思想传统中的历史－社会进路不仅潜藏在哈贝马斯或者赫费的政治哲学理论之下，而且如上文所指出的，它甚至对现代英美 “政治哲学” 也构成了实质性的影响。

为了更为根本性地和整全性地对近现代德国政治思想进行一种政治哲学考察，我们需要结合上述的讨论（或者以其为基本的框架），过渡到或者说进入到下面分论部分的考察中去。

在分论部分四章中，通过对历史学家弗里德里希·梅尼克、作家托马斯·曼、公法学家赫尔曼·黑勒和哲学家卡尔·洛维特四位知识分子自身及其政治思想的双重考察，透过他们专业背景和视角上的差别，我们可以发现他们对当时德国的政治现实的思考是充满德国政治思想传统的特性的，换言之，他们是在德国政治思想传统的语境中思考当时德国的政治现实的。

简要地说，基于当时德国的政治现实，历史学家弗里德里希·梅尼克通过对作为 “文化” 与 “权力” 的综合体的国家中 “文化” 与 “权力” 这两个维度之间关系的思考，最终提出了自己趋于文化国家、趋于非权力国家的观点，并和纳粹拉开了距离；作家托马斯·曼通过对 “德意志文化” 理解的发展和深化，实现自身政治立场的 “转变”，并成为一名民主制的坚定捍卫者；公法学家赫尔曼·黑勒通过对汉斯·凯尔森的实证主义法学进行批判以及与卡尔·施米特的区分，提出扬弃了 “自由法治国” 的 “社会法治国”；哲学家卡尔·洛维特借助于批判尼采和海德格尔的思想，像布克哈特（Jacob Burckhardt）一样复归到一种古代晚期的自然哲学中去克服现代性－虚无主义问题，并且这也避免了像海德格尔一样投身国家社会主义运动。

需要特别指出的是，上述四人都不仅非常不同于纳粹政治思想（或意识形态），而且也不同于投身国家社会主义运动的激进派保守主义者。诸如上文所言及的斯宾格勒、施米特、海德格尔或恩斯特·荣格尔等人，虽然他们都共同面对德国当时的政治现实，并且共享了相似的思想资源背景，但是前者显然并没有后者这般投身国家社会主义运动摧毁魏玛共和国议会民主制的热情，他们不仅都对共和国持支持态度（即使是有保留的支持态度），而且都通过学术批判或政治实践活动与激进派保守主义者以及纳粹展开斗争。

通过对下述在某种程度上是"反潮流"的四位知识分子的这种双重考察，我们不仅可以看清他们身上所展露出来的德国政治思想传统的不同侧面，从而更清楚地认识德国政治思想传统，而且还可以发现他们对当时德国的政治现实提出了指向纳粹之外的另外一种可能性，我们把这种可能性称作"走出'非政治的'文化"，即从"文化政治"走向"政治文化"的可能性。① 可以说，他们的政治思想不仅是对德国历史和"德国问题"的一种直接反映，而且还是对回答"德国问题"的一种探寻或尝试。

---

① 对何谓"政治文化"这个问题，童世骏曾有过充分的阐述："一方面，这种政治文化应当同主流文化传统相分离，从而对尽可能多的亚文化传统一视同仁。另一方面，这种政治文化应当具有足够的整合力，把一个多文化的政治共同体凝聚在一起。这种意义上的政治文化当然也是一种'同政治物相关的文化'，但更重要的是，它是一种'以政治方式形成的文化'。它不仅区别于'非政治的文化'，它也区别于'前政治的文化'。简单地说，它是一种作为公民对政治活动之参与的结果而形成的文化。"（童世骏：《批判与实践——论哈贝马斯的批判理论》，生活·读书·新知三联书店，2007，第46页）

第三章

"德国历史学派"的最后一位大师：
弗里德里希·梅尼克

一 "德国历史学派"概览

从学理发生史的角度而言，历史主义的确切范围界定起来的确是非常困难的。虽然弗里德里希·梅尼克在《历史主义的兴起》一书中将历史主义的渊源往前推至莱布尼茨、伏尔泰、孟德斯鸠、休谟等人，但他同时也认为历史主义是在德国的语境中才获得了最为充分的发展和表达，他指出："历史主义所做的首先是把崭新的生命原则应用于历史世界。这种生命原则是从莱布尼茨直至歌德去世为止的伟大的德国运动所获得的。这场运动是一场普遍的西方运动的延续，但是西方运动的巅峰在伟大的德国思想家中才能找到。这是他们继宗教改革之后做出的第二伟大的成就。"① 英国历史学家弗里德里克·拜泽尔（Frederick C. Beiser）在《德国历史主义传统》中则认为德国历史主义的渊源是维柯（G. B. Vico）、莫泽尔（Justus Möser）和赫尔德（J. G. Herder），并将以萨维尼（F. C. Von Savign）为代表的历史法学派和以文德尔班

---

① 〔德〕弗里德里希·梅尼克：《历史主义的兴起》，陆月宏译，译林出版社，2010，第 2 页。

(W. Windelband) 与李凯尔特 (H. Ricket) 等为代表的新康德主义弗莱堡学派也涵盖在内。① 瑞士历史学家安托万·基扬 (Antoine Gailland) 则将问题聚焦在以尼布尔 (Barthold Georg Niebuhr) 和兰克 (Leopold von Ranke) 为始点的19世纪持有所谓统一德国的"小德意志方案"的德国历史学家们，他们即"德国历史学派"，也被称为"普鲁士学派"。② 美国历史学家格奥尔格·G. 伊格尔斯 (Georg G. Iggers) 在《德国的历史观：从赫尔德到当代历史思想的民族传统》中对"德国历史学派"的界定和上述几位学者的观点有所区别，他试图将"19世纪和20世纪一种独特的、占主导地位的德国历史研究和历史思想传统与更广泛的欧洲思想潮流——它们通常也被描述为是历史主义的各种形式——相区分"③，并将考察的对象限定在"理解德国历史思想从18世纪后期赫尔德的世界主义的文化导向的民族主义向19和20世纪众多德国历史研究中的民族主义和权力导向的假定的转变"④。伊格尔斯的这种界定也将是本章所涉及的对"德国历史学派"范围的界定。

不过不论我们将反对自欧洲启蒙运动以来所形成的历史主义归结为当时欧洲的普遍思潮，还是当时德国的特殊产物，这都不妨碍我们理解以历史主义为基础的"德国历史学派"传统与其他相关思潮相比较所具

---

① Frederick C. Beiser, *The German Historicist Tradition*, Oxford and New York: Oxford University Press, 2011.

② 将"德国历史学派"称为"普鲁士学派"或者"小德意志学派"是因为诸多属于这一学派的德国历史学家在他们所身处的德国统一进程中持有以普鲁士完成统一而排除奥地利的"小德意志方案"(Kleindeutsche Lösung)，参见〔瑞士〕安托万·基扬《近代德国及其历史学家》，黄艳红译，北京大学出版社，2010；李娟《普鲁士学派研究：以德罗伊森、西贝尔和特赖奇克为中心》，复旦大学博士学位论文，2012；〔德〕赫伯特·施奈德尔巴赫《黑格尔之后的历史哲学：历史主义问题》，励洁丹译，浙江大学出版社，2014。

③ 〔美〕格奥尔格·G. 伊格尔斯：《德国的历史观：从赫尔德到当代历史思想的民族传统》，彭刚、顾杭译，译林出版社，2006，第36~37页。

④ 〔美〕格奥尔格·G. 伊格尔斯：《德国的历史观：从赫尔德到当代历史思想的民族传统》，彭刚、顾杭译，第37页。

有的特殊性。"德国历史学派"的主要代表人物有兰克、德罗伊森（Johann Gustav Droysen）、西奥多·蒙森（Theodor Mommsen）、西贝尔（Heinrich Karl Ludolf von Sybel）、特赖奇克和梅尼克等人。如果我们认识到从 1795 年兰克的出生到 1954 年梅尼克的去世之间这一个半世纪以来德国历史进程的独特性，我们就可以更为容易地透过上述这些历史学家之间的个体性差异及其政治立场的变化，把握他们之间内在的、在思想上的相似性与连续性：除了他们之间存在着的师承关系，而且都围绕在《历史学杂志》（*Historische Zeitschrift*）工作之外，更为重要的是他们分享了许多共同的思想资源背景，并形成了一个学派传统。

给这个"德国历史学派"传统定调的是兰克的历史学方法，因此这个学派有时也被称为是"兰克学派"。在兰克看来，历史学是一门"经验科学"，它是基于对外交档案等的研究来考察伟大历史人物的个体性所展现出来的隐藏其背后的"观念"。这不仅反映出历史学对自启蒙运动以来占据强势地位的自然科学和实证主义的一种理论上的"反动"主张，而且也反映出兰克对在他之前的历史学本身状况的一种否定。在他看来，编撰性的历史学不仅不能理解伟大人格所展现出来的自由精神，而且也不能理解历史的目的究竟为何物。

这个传统在政治背景上则是被 19 世纪初拿破仑法国对德意志各邦的侵略和德意志各邦人民的奋起反抗这段经历所深刻塑造的。英国政治哲学家以赛亚·伯林在论及梅尼克和"德国历史学派"的文章中非常切中要害地指出："在历史意识的兴起中，最广为人知且名声不佳的后果是民族主义与强权政治的意识形态，而它在兴起之时便立刻响应了为民族与阶级间的公开搏斗正名的需要。"[①] 伊格尔斯同样也指出了这方面的

---

① Isaiah Berlin, "Meinecke and Historicism," in Isaiah Berlin, *The Power of Ideas*, ed. by Henry Hardy, London: Chatto & Windus, 2000, p. 205.

原因："德国政治民族主义是在法国革命战争和拿破仑胜利之后反对法国统治德国的斗争中兴起的，这一斗争增强了德国政治思想中的反启蒙运动倾向。这个历史思想传统就是德国民族复兴和民族解放战争的产物。"① 简言之，"德国历史学派"通过在理论上对"特殊主义"的一种反启蒙式的考察来拒斥以法国为代表的启蒙的"普遍主义"主张，以期实现在现实政治中激发德意志民族意识和反抗拿破仑法国的入侵。在反拿破仑战争以及 1848 年法兰克福资产阶级自由派革命失败后（诸如像西贝尔和西奥多·蒙森都是当时著名的民族自由派知识分子），"德国历史学派"又将在 19 世纪以来其所追求的两大目标——"自由"和"统一"——结合在俾斯麦带领下普鲁士完成德意志统一的事业之中。所以伊格尔斯强调："因为历史主义远不是像梅尼克在对二十世纪三十年代的德国政治进程不再抱幻想之后所强调的，代表了一种没有任何政治含义的纯粹文化现象，而是从一开始就渗透着各种政治观念。"②

这里我们要再次借助伊格尔斯对于"德国历史学派"特点更进一步的界定，即"使得德国历史研究主要传统中的历史学家的著作与众不同的，正是它们有关历史性质和政治权力特点的基本理论信念。这一理论信念不仅决定了历史实践活动，而且决定了历史学家所提出的问题。总的来说，它是以大国间的冲突为中心的，而这也决定了他们所采用的方法：过分强调外交档案，而忽视社会史、经济史和社会学方法、统计资料。这一信念还赋予这些历史学家的研究以一种政治定位，它不是指狭隘的党派意义上的政治定位——因为在这一广泛传统

① 〔美〕格奥尔格·G. 伊格尔斯：《德国的历史观：从赫尔德到当代历史思想的民族传统》，彭刚、顾杭译，第5页。
② 〔美〕格奥尔格·G. 伊格尔斯：《德国的历史观：从赫尔德到当代历史思想的民族传统》，彭刚、顾杭译，第4页。

中我们发现了保守派、自由派、民主派和社会主义者等各种派别——而是指他们给予国家的中心地位和他们对国家之有益影响的信心。"①这也就是说，自兰克以来，"德国历史学派"的历史学家们政治思想的主要特征是外交优先于内政，国内的改革应以国际的需要为目的。对于他们来说，一个民族国家作为特殊文化的单位——国家不仅是民族的保护者，而且同时还是"文化"的塑造者——必然是要以"权力"作为基础的，"文化"与"权力"两者在民族国家之中的结合才能保证民族国家的充分发展。这也即是德国思想中所谓的"精神"（Geist）与"力量"（Macht）两者的结合。

"德国历史学派"这种对于历史的目的论解释，虽然改变了原先历史学学科枯燥的一面，赋予了历史学科学以关于人的自由的属性，但是这自然也有其负面效果。诚如英国学者 T. J. 里德（T. J. Reed）所说："19 世纪的德国历史学获得了其荣耀，但是这之中并没有包括自我净化和民族自我批判的行动。历史主义的原则——即在（被充分研究的）历史现象之下的两个范畴：特性和发展的独一无二性——导致了关于德国特性和发展的独一无二性的一个狭隘的思考，并导致了一个对事物的秩序与事件的进程上的无批判的接受。"② "德国历史学派"这种类似于福音书式的历史解释活动（哈贝马斯则将其称为"一种带有特殊神宠论色彩的民族意识"③）——德意志民族作为被选定的或者是承载着历史使命的民族，它在历史上的失败是对它的考验，它在历史上的成功则是必然的，而且未来终究是属于德意志民族的——

---

① 〔美〕格奥尔格·G. 伊格尔斯：《德国的历史观：从赫尔德到当代历史思想的民族传统》，彭刚、顾杭译，第 1～2 页。

② T. J. Reed, *Thomas Mann: The Uses of Tradition*, Oxford and New York: Oxford University Press, 1996, p. 276.

③ 〔德〕尤尔根·哈贝马斯：《包容他者》，曹卫东译，上海人民出版社，2002，第 270 页。

终究是不能被当作一门单纯的学术研究学科，而且其有些自负的论点也多少是不能让人信服的，在某种程度上，我们甚至可以将之视为现实政治活动的鼓吹者。

二　"权力"与"文化"的和谐统一

不论我们将"德国历史学派"的源头回溯至哪里，都不妨碍我们将弗里德里希·梅尼克视作"德国历史学派"的"最后一位大师"。著名德国历史学家弗里德里希·梅尼克（Friedrich Meinecke，1862 ~ 1954，中文中也译为迈尼克、迈内克等）在其漫长的一生中经历了俾斯麦统一德国、第一次世界大战、魏玛共和国、纳粹德国、第二次世界大战以及二战后德国的重建。他青年时曾求学于"德国历史学派"的大家西贝尔和特赖奇克，并先后在斯特拉斯堡大学、弗莱堡大学和柏林大学任教，1893 ~ 1935 年担任《历史学杂志》的编辑，在二战后参与创建柏林自由大学并担任该校的名誉校长。

简要地说，梅尼克不仅继承了而且同时也发展了兰克以来"德国历史学派"的传统。在回溯梅尼克的思想渊源时，有研究者指出了其思想中的基督教维度以及两位民族自由主义派知识分子马克斯·韦伯与弗里德里希·纽曼在第一次世界大战前后对梅尼克的政治观点的影响。① 而在我们看来，上述这些方面在他的思想中相互交织的方式更值得注意。

具体地说，首先，在对历史学的方法论层面上，梅尼克依照"德国历史学派"传统素来的教导将历史理解为弥合主客体之间关系的

---

① 在"Friedrich Naumann and Friedrich Meinecke"一章中，波伊斯介绍了梅尼克在第一次世界大战前后与纽曼、韦伯的知识分子圈子的密切关联，参见 Robert A. Pois, *Friedrich Meinecke and German Politics in the Twentieth Century*, Oakland：University of California Press，1972。

"能动的镜子"。如英国历史学家 W. 斯塔克（W. Stark）所说："他（梅尼克）确信，历史学家只有经由当今之门，才能进入往昔之地。这就是说，只有全心全意地进入当今现实，才能使他强烈地意识到什么真正重要，而这种意识是在他试图把握往昔的现实时需要的。任何采取别种做法的人，任何以书蛀虫的心态习惯来查阅史料的人，都将无法同已逝年代里的活生生的力量建立起真正的联系，都将忽略现在和过去的极为本质的东西，而且确实将是一个处理僵死之物的无感觉的人。"① 这就表明，梅尼克对历史学的研究是基于对自身所在的政治现实或处境的一种思考。这也意味着对梅尼克而言，历史学就是一门现实学科。

其次，梅尼克与自兰克以来"德国历史学派"的基本政治观点一致之处，即坚持认为一国之外交政策优先于国内政策。梅尼克坦言："外交政策具有和国内政策相比的优先性，即国家内部的宪法和发展从属于被权力的斗争和外部世界的独立所推动的强力。国家必定是以这样一种方式存在，即它将以追求它的外在利益的最佳位置来构建其内在组织。"② 这个观点也和弗里德里希·瑙曼与马克斯·韦伯等民族自由主义知识分子类似。对他们来说，一切国内的宪政改革、推进民主化进程等措施都只是为了完全激发国家和民众之潜力，以期在与世界列强的争霸中占据一个有利位置。所以当近现代德国知识分子在追求"自由"和"统一"的过程中，"统一"及之后屹立于世界列强之林成为主要的维度，"自由"那一个维度则渐渐地变得不再那么重要了。

---

① 〔英〕W. 斯塔克：《英译本编者导言》，载〔德〕弗里德里希·迈内克《马基雅维里主义："国家理由"观念及其在现代史上的地位》，时殷弘译，商务印书馆，2008，第 2 页。

② 转引自 Richard W. Sterling, *Ethics in A World of Power: The Political Ideas of Friedrich Mei-necke*, Princeton: Princeton University Press, 1958, p. 103。

　　再次，与上一点相联系的是民族国家作为“文化”与“权力”的综合体，这是梅尼克所关注的焦点。正如美国学者理查德·斯特灵（Richard W. Sttrling）所观察到的：“除非政治思想和行动推进了文化和道德的目的，否则它们对梅尼克而言是并不重要的。如果国家是‘人的自然－精神的存在’的真正的宏观展现，那么它将不仅是一个权力的共同体，而且也是一个精神价值的共同体。作为一个宏观展现，国家不能是人对权力和秩序的需要的一个单方面的表达。它也必定是对个体的整全的人格性表达的媒介物。简言之，国家也必定是起到作为个体自由基础的作用。”[①]

　　对梅尼克思想中“文化”与“权力”两个维度及其相互关系的考察，是对其思想本质的考察的基本线索，也是本章所遵循的方法。因为梅尼克的政治思考并非仅仅局限于历史学理论内部，而是对他所处时期的政治现实的关注，所以他的著作本身（特别是早期著作）虽然在研究对象上和政治现实的关系并没有那么直接，但是背后却透显出他对自己所身处的各个时期政治现实的思考，记录了他的政治思想随着不同历史阶段而发展的历程。下面将分三个阶段讨论在他的几大著作中所透显出来的思想及其发展。

　　在第一次世界大战前，梅尼克对“文化”和“权力”之间的和谐关系持有一种乐观的情绪，当然，这也和后俾斯麦时代的德意志帝国在各方面都蒸蒸日上有关。当时很少有人会去关注这副表象之下的暗流涌动，也很少有人会对这些相关的政治现实和政治思想提出反思和批评。虽然梅尼克并不是没有看到现实政治中关于“权力”的一面或者“恶”的一面，但是像兰克一样，他用一种类似莱布尼茨的“神正论”来处理“恶”这个问题。对于梅尼克来说，现实政治中关于“权

---

①　Richard W. Sterling, *Ethics in A World of Power: The Political Ideas of Friedrich Meinecke*, p. 48.

力"的一面或者"恶"的一面不仅是不可能被取消的，而且这对为实现现实政治的目标而言还是非常必要的。

梅尼克在 1906 年出版了《德意志的复兴时代》一书，根据这本书的内容，我们也可以将之称为"普鲁士的崛起时代"。在这本恰好出版于拿破仑法国大败普鲁士的耶拿战役 100 年后的书中，梅尼克依照"德国历史学派"的传统，试图在 19 世纪初拿破仑战争与普鲁士复兴中去寻求国家权力和道德原则的完美结合。如上所述，梅尼克坚信，历史的普遍真理可以透过对历史中伟大个体的考察而获得。梅尼克在此书中通过对费希特、斯泰因（Heinrich Friedrich Karl Reichs-freiherr vom und zum Stein）、格奈森瑙（August Wihelm Anton Neithardt von Gneisenau）、沙恩霍斯特（Gerhard Johan David von Scharnhorst）等人在普鲁士战败后团结一致、上下一心最终击败拿破仑这些事迹的考察，目的正是为了揭示其中"权力"和"文化"关系的和谐共存。梅尼克不仅高度肯定了这些普鲁士改革者在精神上从文化民族主义到政治民族主义的转变，而且也高度赞扬了普鲁士在军事政治方面的全面改革——特别是义务兵役制的改革，其通过激发全民的爱国热情不仅为普鲁士救亡图强击败拿破仑法国，而且也为德意志民族国家的形成提供了前提条件。

对于民族国家作为"权力"和"文化"和谐关系的综合体，梅尼克在此书中曾有过一段很清晰的论述："强大的民族国家未必是一流精神创作的先决条件。但是一个民族如果要在好几代的时间维持它的内在的创造力的话，不能没有一个强韧的政治体。这个政治体不只提供保护，以对抗外来的暴力，而且在近代民族的发展中加入一个因素，使国家不仅仅必须是一个权力机构，将其基础更深入地植入民族的信念中，肯定和尊崇活跃在民族中的精神和伦理力量，同时必须利用这种力量作为权力的工具。"①

梅尼克出版于 1908 年的《世界主义与民族国家》这本书在某种程度上可以说是之前《德意志的复兴年代》的扩展本。在此书中,他将考察的范围往前一直推进至 1756~1763 年的"七年战争",主要考察德意志思想家们如何通过对世界主义观念的扬弃和对民族主义观念的树立,从而实现从文化上的民族主义发展为政治上的民族主义。②

梅尼克从威廉·洪堡(Wihelm von Humboldt)的思想中解读出:"民族是完全历史性地、单方面具有鲜明个性的个体,它并不是绝对理性发展的结果。"③ 梅尼克认为:"(对洪堡而言——作者注)民族就

① 〔德〕弗里德里希·迈涅克:《德意志的复兴时代》,黄福得译,台北,联经出版事业公司,2008,第 3 页。

② 意大利学者圭多·德·拉吉罗对这种转化的看法是:"对于没有政治统一传统的人民,只有自由能给予他们共同公民身份的观念,这能够克服和控制他们的政治分裂性,对德国来说,这种公民身份便是整个的理想:他们的民族是相对于 Staatsnationen(国家民族)的 Kulturnation(文化民族);他们的自由,事实上本质存在于思想之中,在有教养的圈子和学校里繁荣起来,逐渐偏离了法国与英国更加先进的 Staatsnationen(国家民族)……如果说这种理想或书面的统一,在浪漫主义兴起之初,曾使人们的思想得到满足,然而对于拿破仑时期痛苦经历展示的德意志民族相对于其巨大潜力的弱点,对于所有个人与公共生活上政治分裂不断降低的努力,却变得越来越不适宜。文化民族必须从政治民族得到补充的观念,渐渐在德意志意识当中得到发展。"〔意〕圭多·德·拉吉罗:《欧洲自由主义史》,〔英〕柯林伍德编译,杨军译,第 171 页。美国学者里亚·格林菲尔德在其《民族主义:走向现代的五条道路》一书的"无尽追求的最终解决:德意志"一章中,也非常清楚地描述了从早期浪漫派的世界主义到"文化民族"再到拿破仑战争之后的"政治民族"这条线索,参见〔美〕里亚·格林菲尔德《民族主义:走向现代的五条道路》,王春华、祖国霞、魏万磊、谢虎、胡婷婷译,刘北成校,上海三联书店,2010,第 336~496 页。

③ 〔德〕弗里德里希·梅尼克:《世界主义与民族国家》,孟钟捷译,上海三联书店,2007,第 30 页。在这点上也标识出梅尼克所受到的兰克的影响。兰克与历史法学派法学家萨维尼(Friedrich Carl von Savigny)当时反对他们在柏林大学的同事黑格尔关于历史是绝对理念实现自身的历程这个说法,而认为历史本身就是以自身为目的并实现自身的,但其实两者之间并非根本性的分歧,诸如像后来德国历史学派中的特赖奇克等人的思想还是深受黑格尔影响的。在兰克和黑格尔的相似性上,有论者指出:"当历史学家兰克说出下面这段话的时候,他确实很好地表达了黑格尔的思想。兰克指出,国家是'个体的存在,它们彼此类似,但本质上却相互独立。……它们是精神的存在,是人之精神的原创——也可以说,是上帝的思想'。"〔美〕乔治·萨拜因著,〔美〕托马斯·索尔森修订《政治学说史》(第四版·下卷),邓正来译,第 338 页。

意味着个体能够得到更多的自由。"① 他将"混杂着老的泛神论、神秘
主义或虔诚派信仰、新的个人主义以及歌德和洪堡的思想"② 的浪漫
主义视为文化民族主义向政治民族主义的过渡（或转变时刻）。梅尼
克洞察到，费希特的观点在这个过程中具有决定性的意义："它将国
家的权力追逐视作自然的、有益的生活动力，并且将之置于道德世界
观的相互联系中。"③ 梅尼克指出，特别是对于在后期深受马基雅维利
主义政治思想影响的费希特而言，"每一次迈向民族国家的进步，都
意味着迈入真正的政治世界，并告别纯粹理性构想世界"④。从黑格
尔、兰克到俾斯麦的发展脉络正是德意志民族国家在世界主义和民族
国家这两个观念的相互碰撞中，从观念上到实践上的最终完成。梅尼
克指出，这条思想的发展路径乃是"从个人起步，越过民族，通往国
家。在这一进程中，首先发生的是普世因素被民族化，而民族因素被
普世化，国家被民族化，民族被政治化"⑤。他遵循"特殊性可以上升
为普遍性，而普遍性无法还原为特殊性"的"德国历史学派"的这条
教导，指出将世界主义作为出发点是一种虚幻的意识，而且是非常不
真诚的，因为在实践中，世界主义总是倾向于成为帝国主义，诸如像
在拿破仑法国所发生的一样，只有民族主义才是一种真实的情感。梅
尼克一直认为各个民族－文化的个性是需要相互尊重的，而非有上下
和优劣之分，从这种民族主义生发出来的不同民族－文化的个性之
间的和谐共存才是符合真正的世界主义，并且只有在根基于民族这
个载体之上的伟大个体人格身上才能体现出这种真正的世界主义。

---

① 〔德〕弗里德里希·梅尼克：《世界主义与民族国家》，孟钟捷译，第 34 页。
② 〔德〕弗里德里希·梅尼克：《世界主义与民族国家》，孟钟捷译，第 47 页。
③ 〔德〕弗里德里希·梅尼克：《世界主义与民族国家》，孟钟捷译，第 77 页。
④ 〔德〕弗里德里希·梅尼克：《世界主义与民族国家》，孟钟捷译，第 84 页
⑤ 〔德〕弗里德里希·梅尼克：《世界主义与民族国家》，孟钟捷译，第 43 页。

但是他在这里却对民族主义在演化中的负面效应未能加以有效和充分的认识。

梅尼克在这两本著作中都试图通过以雅典和希腊的关系来类比普鲁士和德意志的关系,这是因为当时的德意志虽然在普鲁士的主导下完成了统一,但是帝国内部各部分在生活、经济、宗教等各方面的极大不同,使他需要在理论上论证并非单纯是因为共同抵抗拿破仑法国的经历或者普鲁士王国的强势地位才促成了德意志的统一,而是因为德意志各部分之间本身就具有一种内在的、自然的联系。[1]

此外,梅尼克的思想中也时常出现德意志作为文化民族,还具有普世民族、人类民族层面的思考,但非常遗憾的是,从他这些著作的发展线索中得出的最终结论只能是民族主义,而非世界主义的优先性,也非经过民族主义最后达致世界主义。[2]

三 "理性共和主义者"与"国家理由"观念

德意志帝国在第一次世界大战中的战败及之后德国国内所陷入的混乱状况使得梅尼克原有的对于"文化"和"权力"综合体的乐观情绪消失了,他开始以更为现实和理性的视角来看待政治问题。

首先,他成为了一位"理性共和主义者"。"理性共和主义者"(Vernunftrepublikaner)这个说法最早是由梅尼克在 1919 年提出来的,

---

[1] 虽然梅尼克并未明确言及"权力"与"文化"的关系是对应于普鲁士与德国的关系,但我们依然可以从他的著作中得出"权力"与普鲁士的军国主义,"文化"与原先松散的德意志国家之间所存在着的一种隐喻上的对应关系。

[2] 其实我们在此又可以将黑格尔和"德国历史学派"放在一起考察,正如萨拜因所指出的:"黑格尔的政治哲学乃是有关民族主义的经典表述,其表现形式抛弃了个人主义和人权中所隐含的世界主义。它赋予了国家概念一种特定的含义,而这成了整个 19 世纪德国政治理论的特征。"〔美〕乔治·萨拜因著,〔美〕托马斯·索尔森修订《政治学说史》(第四版·下卷),邓正来译,第 326 页。

并且影响了当时许多德国知识分子（诸如下一章的主角托马斯·曼）。"理性共和主义者"，即对魏玛共和国有所保留的共和主义者，他们除了贫瘠的理性基础之外，没有其他任何事物可以用来支持共和国，或者也可以说，他们从理智上支持共和国，但是在情感上则相反。其实早在1918年10月5日，梅尼克在给妻子的信中就写道："……为了保存帝国和民族统一，对于我们，除了成为民主主义者之外没有其他可以做的。如果我们在没有革命的危险之下，能够继续维持国家权威，并成功地以民主的方式重新塑造我们自身，那我们将会感到满意。"[1] 虽然作为备注的是，他也承认"我不是民主制的爱好者，但是民主制不可避免"[2]。的确，在第一次世界大战战败后，德皇威廉二世出逃荷兰，整个国家已经无力反抗战胜国的要求，只能接受战胜国将德国变成民主共和国以及部分领土被割裂出去的安排。因此这些旧时代的精英不仅不能认识到民主共和国实为一种实现德国人"自由"的手段并由衷地接受它，而且还将之当成敌对国家对德国的一种羞辱和削弱。

梅尼克其实并非完全消极地对待魏玛共和国，他甚至还希望自己能够在魏玛共和国初创时期能够有所作为，就像普鲁士当年在耶拿战役中败于拿破仑法国的时候那些后来复兴普鲁士的功臣们所做的一样。1918年11月之后，他加入了由第一次世界大战前具有民族自由主义倾向的知识分子所构成的德国民主党（Deutsche demokratische Partie，简称 DDP），该党的成员阵容可以说是群星璀璨：弗里德里希·瑙曼、瓦尔特·拉特瑙、洪果·普罗伊斯（Hugo Preuss）、亚马

---

① Friedrich Meinecke: Ausgewählter Briefwechsel, ed. Ludwig Dehio (Stuttgart, 1962), pp. 94 – 95. 转引自 Robert A. Pois, *Friedrich Meinecke and German Politics in the Twentieth Century*, 1972, p. 27。

② *Nach der Revolution*, op. cit., pp. 110 – 111. 转引自 Richard W. Sterling, *Ethics in A World of Power: The Political Ideas of Friedrich Meinecke*, p. 174。

尔·沙赫特（Hjalmar Schacht）、马克斯·韦伯和阿尔弗雷德·韦伯（Alfred Weber）等人都名列其中。该党主张自己并非代表德国某些特殊阶级（阶层）的利益，而是代表德意志民族共同体的整体利益（普遍利益）。虽然说梅尼克并不像魏玛德国时期那些国防军的将领们一样自诩为当代的沙恩霍斯特或格奈森瑙①，自诩为当代的威廉·洪堡或者费希特，但是作为身处国难时的知识分子，梅尼克自然认为自己是要尽到一位历史学家的担当。不过在魏玛共和国初期德国民主党的主要人物弗里德里希·瑙曼和马克斯·韦伯相继过世，而且在魏玛共和国之后的实际政治中，德国民主党也一直未起到他们自身所期望的重要作用，一直处于魏玛共和国的政治核心圈之外，并且该党成员在之后的极端政治环境中也迅速分化溶解到其他各种政治立场中去了。

1923 年，因为魏玛共和国陷入经济困境，无力履行（当然也存在消极履行或者抵制履行的情形）《凡尔赛条约》中的相关战争赔偿责任，法国和比利时联军入侵鲁尔地区。在魏玛德国陷入这场空前危机的第二年，梅尼克发表了《马基雅维里主义："国家理由"观念及其在现代史上的地位》一书。这两件事情之间"隐匿的"联系或许是梅尼克认为在魏玛共和国这种羸弱的国家形式中需要强调"国家理由"的维度。不过这本书充分显示了原先在梅尼克心目中和谐共存的"权力"和"文化"综合体关系开始变得不那么和谐共存，但这也显示出他对国家中"权力"的一面或恶的一面的进一步认识，这同时也使他的思想变得更为深刻。

"国家理由"（ragione di stato, raison d'état 或 Staatsräson）一般

---

① 关于魏玛时期一些国防军将领们的政治行为和其背后的动机，可以参见 William Mulligan, "The Reichswehr and the Weimar Republic," in Anthony McElligott (ed.), *Short Oxford History of Germany*: *Weimar Germany*, Oxford and New York: Oxford University Press, 2009, p. 99。

也被译为"国家理性"，是由文艺复兴时期的佛罗伦萨政治学家尼可罗·马基雅维里（Niccolò Machiaveli）提出来的。这个发生在现代政治及政治哲学中的"国家理性"转向，使得"政治不再被理解为通过政治和追求美德而维系一种政治生活的艺术——在'国家理性'概念出现之前，传统的政治定义就是如此界定的，它是一门不惜采用一切手段来保存国家（所有类型的国家）的艺术或科学"①。而政治思想理论家们之所以要提出、建构并使用"国家理性"这个概念，"是因为他们需要一种新的'理性'概念，这种新的'理性'概念可以原宥统治者出于维系和扩张国家（统治）的需要而背弃道德法则和公民法律"②。可以说，"国家理由"是欧洲新兴民族国家发展中出于自身需要所产生的一种新思想，它挣脱了古典道德和宗教教义对国家的束缚，为现代国家的一些有违于古典道德和宗教教义的行为进行自我证成。

但梅尼克对"国家理由"的定义并不止于此，因为他需要以一个民族国家的本质来束缚"国家理由"这个观念。他在《马基雅维里主义："国家理由"观念及其在现代史上的地位》中说："'国家理由'是民族行为的基本原理，国家首要运动法则。它告诉政治家必须做什么来维持国家的健康和力量。国家有一种有机结构，其充分的权势只有依靠允许它以某种方式继续成长才能够维持，而'国家理由'为此类成长指明途径和目的。这途径、目的不能胡乱选择，但也不能为所有国家做一模一样的规定。因为，国家又是一个独特的构造，有它自己的特有的生活方式；关于国家这一物种的一般规律依据特定的结构

---

① 〔意〕毛瑞若·维罗里：《"国家理性"的起源和意义》，周保巍译，载许章润、翟志勇编《国家理性与现代国家》，清华大学出版社，2011，第3~4页。
② 许章润、翟志勇编《国家理性与现代国家》，第14页。

模式和特定的环境而改变。因此，国家的'智能'在于就其本身及其环境形成恰当的理解，然后运用这理解来决定将其指引其行为的原则。这些原则始终必定既是独特的，又是普遍的，既是固定的，又是可变的。它们会随国家本身及其环境当中发生的改变而敏锐地变化。然而，它们又必定同个别国家的结构内延续的东西吻合，并且同支配所有国家的生活的法则中那经久的东西一致。"① 由上述引文可见，对于梅尼克而言，"国家理由"是实现特殊国家这一特殊目的之必要手段，是"必要的恶"，而非将"国家理由"本身作为目的，不过非常矛盾的是，梅尼克有时又会将之神圣化（道德化）。按照更为现实的而非温情脉脉的德国公法学家卡尔·施米特对梅尼克的"国家理由"观点的评论，梅尼克的"国家理由"观点不过是前马基雅维里时代的"好"的"国家理由"，并没有什么新意。②

在本书中，梅尼克从马基雅维里开始考察了"国家理由"观念在欧洲从中世纪天主教旧秩序的解体到第一次世界大战后的整个发展历程，即按照他所设想的将"权力"与"道德"（"文化"）之间的关系在观念史意义上的展开。诸如对于腓特烈大帝来说，"纯粹的王朝利益如果缺乏真正的民众和民族整体利益基础，便一文不值"③。正如梅尼克的前辈特赖奇克所认为的，国家即"权力"，但是特赖奇克并未单纯地接受马基雅维里这种空洞的观点，而是赋予其更多的道德意蕴和理论深度——即特赖奇克将"权力"本身道德化了。梅尼克并不能

① 〔德〕弗里德里希·迈内克：《马基雅维里主义："国家理由"观念及其在现代史上的地位》，时殷弘译，第 54 页。
② 参见〔德〕卡尔·施米特《评梅内克的＜国家理由观念＞》，载卡尔·施米特著《论断与概念：在与魏玛、日内瓦、凡尔赛的斗争中（1923～1939）》，朱雁冰译，上海人民出版社，2006。
③ 〔德〕弗里德里希·迈内克：《马基雅维里主义："国家理由"观念及其在现代史上的地位》，时殷弘译，第 401 页。

接受特赖奇克的这种观点,他将国家界定为拥有"权力",而非作为"权力"。梅尼克认为,除了必须终止对"权力政治"的错误的理想化,还必须终止对国家的错误的神圣化(道德化)。但是正如上文所曾提及的,梅尼克自己在这点上表现得又非常不够彻底,因为他还犹犹豫豫地说:"这并不等于说必须将国家逐出生活的高等价值之列,那是它有权跻身其中的……国家应该成为道德的,争取实现与普遍道德法则的和谐,即使人们知道它永远不能完全达到它的目标,知道它总是必定有罪,因为严酷的自然必需迫使它如此。"① 在梅尼克看来,"如果说'美德'是人创造和维持国家,并且赋予其意识和意义的活力,那么'必须'就是原因性压力,是使得怠惰涣散的群氓聚合为'美德'所需形态的手段。"② 可以说,梅尼克在此时依旧对这些问题保持着几分暧昧的态度,尚不能完全摆脱对于"权力"的依赖。

梅尼克在《马基雅维里主义:"国家理由"观念及其在现代史上的地位》一书的结论部分总结说:"'国家理由'、权势政治、马基雅维里主义和战争永不可能从世界上消除,因为它们不可分离地同国家生活的自然方面联系在一起。还必须认识到:权势政治和战争不仅仅是毁坏性的,它们还能够创造性地起作用;以所有各种方式,善从恶中成长出来,智识的东西出自自然的东西。然而,必须避免对此事实的任何理想化。"③

但是,随着梅尼克所厌恶的"群氓"的国家社会主义运动的兴起,纳粹党上台执政并最终废除了魏玛共和国,现实政治终究是失去

---

① 〔德〕弗里德里希·迈内克:《马基雅维里主义:"国家理由"观念及其在现代史上的地位》,时殷弘译,第591页。
② 〔德〕弗里德里希·迈内克:《马基雅维里主义:"国家理由"观念及其在现代史上的地位》,时殷弘译,第97页。
③ 〔德〕弗里德里希·迈内克:《马基雅维里主义:"国家理由"观念及其在现代史上的地位》,时殷弘译,第591页。

了维系它的"道德"维度而成为赤裸裸的"权力"活动，甚至是沦为一种彻底失序的、野蛮的暴力活动。在 1935 年，梅尼克被纳粹从《历史学杂志》的主编位子上撤了下来，并被禁止授课，不过他在第二年出版了自己生平最后一本巨著《历史主义的兴起》。

《历史主义的兴起》这本著作的考察范围从启蒙运动后期开始一直到歌德为止。梅尼克在此书中一反他之前作品的倾向，侧重关注的是"文化"而非"政治"，也非将"权力"与"文化"并重。在此书中，梅尼克称："我们将致力于在历史主义的起源中给出关键点。所有的一切端赖于打破僵硬的自然法思想及其对于长存不变的至高人类理念和对于所有时代都存在的人性齐一性的信念，并将生命的流动性注入其间。"① 而"揭示出历史世界是如何从僵硬的状态中摆脱出来的，它是由于自然法、实用主义和启蒙运动的理智主义而陷入僵硬状态的"②。梅尼克在这本书中所做的主要工作便是指出历史学（历史主义）可以发现历史上伟大个体人格背后的目的世界，不过这就需要借助于"个体观念"和"发展观念"这两个观念。虽然这本书是对他早期思想的一种自反性的认识，但是同时或许这本书的工作是在纳粹上台之后，梅尼克仅能做的工作：即回到历史主义的源头，去寻求前政治民族主义的文化民族主义中所蕴含的积极因素。

四　德国的浩劫

虽然我们非常清楚梅尼克和泛日耳曼主义者或者纳粹分子之间在品味上的巨大差别以及他对他们的厌恶、批评和抵制，而且他在纳粹

---

① 〔德〕弗里德里希·梅尼克：《历史主义的兴起》，陆月宏译，第 3 页。
② 〔德〕弗里德里希·梅尼克：《历史主义的兴起》，陆月宏译，第 553 页。

时期也受到了一定程度的政治迫害，但是我们也不能忽视他对纳粹德国在第二次世界大战初期获得的胜利满心欢喜：一直到斯大林格勒战役失败之前，梅尼克在来往的私人信件中都保持着一种乐观的心情，在这之后他才开始回到对纳粹批评的老路上来。① 当然，他虽然事前对 1944 年 7 月 20 日刺杀希特勒的行为并不知情，但是他与这些参与刺杀希特勒的德国国防军军官们之间存在着密切的私交，而且在事后他也非常认可这些军人的行为。

在第二次世界大战后，梅尼克出版了《德国的浩劫》（1946 年）这本小册子，从自己的立场出发对纳粹做出了批评（以及辩护）。他的基本观点是将纳粹运动归结为欧洲普遍思潮的结果和近现代德国历史发展中的偶然事件。他认为："德国的浩劫这个问题却同时扩展为一个超乎德国之外的普遍西方命运的问题。直接把我们带进了这一深渊的希特勒的国家社会主义，并不是一种单独出自德国的发展势力的现象，而且也还有着某些邻国的极权体制一定的类比和先例，不管它向我们呈现为德国人的本性的一种多么堕落的现象……（德国的浩劫）乃是作为西方的，而不单纯是作为德国的问题，乃是文化衰落的普遍历史问题……那在整体看来倒更像是欧洲社会的一场道德衰落的过程。"② 梅尼克在这里将纳粹的罪行"相对化"和"普

---

① 关于梅尼克对于第二次世界大战时候纳粹德国前期节节胜利和后期节节败退时很微妙的心态变化，可以参见〔美〕格奥尔格·G. 伊格尔斯《德国的历史观：从赫尔德到当代历史思想的民族传统》，彭刚、顾杭译，第 295 ~ 296 页；Robert A. Pois, *Friedrich Meinecke and German Politics in the Twentieth Century*, pp. 127 - 128。许章润通过分析梅尼克在第二次世界大战时候德军胜利时的一些私人信件，不仅得出梅尼克对德军胜利时的"欢欣雀跃"是一致于其思想的，而且还指出了梅尼克自身的出发点（邦国情思）导致了他对于很多问题缺乏"反思"，但是这种邦国情思对于梅尼克自身而言却又是无法完全克服的。参见许章润《置身邦国，如何安顿我们的身心——从德国历史学家迈内克的"欢欣雀跃"论及邦国情思、政治理性、公民理性与国家理性》，《政法论坛》2013 年第 1 期。

② 〔德〕弗里德里希·迈内克：《德国的浩劫》，何兆武译，商务印书馆，2011，第 4 ~ 5 页。

遍化",这在某种程度上是为一般的德国人进行开脱,而且他在此书中也不时提及苏联人在战争中所犯下的罪行,以及德国国防军在东线为了保护一般德国民众而殊死抵抗苏联人的事迹。但是,纳粹的罪行肯定不是由一小撮纳粹高层所能够完成的,德国人中虽然不乏异议分子,但是也有许多纳粹的支持者和顺从者。而且若论及上文所述的"德国问题",我们可以发现,虽然梅尼克在此的分析和论断或许有其部分的合理性,但是纳粹的罪行发生在德国,这本身就是一件非常值得我们诧异和反思的事情。

从梅尼克的"19 世纪的民族运动和社会主义运动这两大浪潮在德国有着一种全然特殊的性质"这个著名论述中①,我们可以发现两点:第一点,他认为在现代政治中大众已经俨然成为一股能决定国家政治行为和走向的重要的非理性力量②。这就是说,在这个时代如果没有像俾斯麦一样可以在"权力"与"文化"的关系中获得微妙平衡能力的强势政治人物出现,那么在国家中"权力"的一面或者"恶"的一面因为失去了维系它的"道德",从而使"国家理由"沦为彻底的非理性;第二点,在某种程度上梅尼克认为如果德国在第一次世界大战中没有战败的话,那么它将会像战胜国英法美等国一样很好地克服在现代社会中民族主义和社会主义兴起所带来的问题。根据他的这个逻辑,他甚至在《德国的浩劫》中对希特勒在当时情势下所起到的作用表示了部分的肯定和认可:"但希特勒显然是对当时的一切弊端和需要,提出了更强有力得多的办法。而那些正在空中荡漾着的伟大观念——即民族主义和社会主义两大运动的汇合——

---

① 〔德〕弗里德里希·迈内克:《德国的浩劫》,何兆武译,第 12 页。
② Richard W. Sterling, *Ethics in A World of Power: The Political Ideas of Friedrich Meinecke*, 1958, p. 176.

却毫无疑问地在他身上找到了最热烈的宣扬者和最坚决的执行人。他在他那时代的这一伟大的客观观念中的地位，是必须坦率地加以认可的。"①

在《德国的浩劫》一书的最后，梅尼克主张战败后的德国应该放弃政治国家的主张，回归文化国家。另外他还提议应该建立相应的诸如歌德研究协会一样的文化组织。其实这些主张正是他在之前《历史主义的兴起》一书中相关观点的延续。

不过或许这正是因为他自身正处在这个传统之中，梅尼克并不能清楚地认识到纳粹并不仅仅是近现代欧洲普遍思潮作用下在近现代德国产生的偶然现象，而且他自身所在的自19世纪以来的"德国历史学派"传统也正是孕育纳粹的温床之一。正如美国学者罗伯特·波伊斯（Robert A. Pois）所指出的："梅尼克思想中特别具有讽刺意味的是，他自身对一个超越党派的解决方式和一个强国家意志的要求，以及他对大城市及其令人讨厌的报纸与世界主义的犬儒作风的保守主义式的厌恶，使他不可能认识到这些观念在一个意识形态系统语境中的意义。换言之，非常可能的是，梅尼克对某些大众主义和职能国家的观念——这些观念对新保守主义者和纳粹分子而言都非常重要——在自身感情上的倾向，使他不能认识到这些观念在另一个，或许更为一致的形式（即纳粹的意识形态）中的意义。"② 梅尼克在晚年依旧坚持"好的德国"和"坏的德国"这个多少并不能让人非常信服的区分，这是因为他不能认识到，这"两个德国"其实只是同一个德国所表现出来的不同面而已，而且他自身的思想也并非是与纳粹截然对立的，它们之间的关系本身就是暧昧不清的。

---

① 〔德〕弗里德里希·迈内克：《德国的浩劫》，何兆武译，第92页。
② Robert A. Pois, *Friedrich Meinecke and German Politics in the Twentieth Century*, pp. 113–114.

梅尼克在 1948 年做了题为《兰克与布克哈特》的演讲。这篇小短文是他漫长学术生涯的最后一部正式的作品，这不仅是他对自己的学术思想发展以及所经历的政治现实的一个回顾，更是他回到"德国历史学派"和近现代德国现实政治的源头，对一个多世纪以来"德国历史学派"的发展和近现代德国现实政治的发展所做的一个回顾，同时，还对"德国历史学派"以及德国现实政治的未来指出方向。

如果说梅尼克早年是信奉"权力"维度的兰克的信徒，那么信奉"文化"维度的布克哈特（Jacob Burckhardt）在梅尼克后期的作品中逐渐成为和兰克相对应的另外一极。其实布克哈特曾求学于兰克，但是后来却背离了兰克所发展的"德国历史学派"传统。在瑞士的布克哈特就像在诸如马克斯·韦伯这样的德国知识分子眼中瑞士这个国家一样，原本是被视为无关乎世界历史进程的。在梅尼克看来，兰克和布克哈特代表了对历史的两种不同进路的探询方式：前者是"对于历史来说人意味着什么"，后者是"对于人来说历史意味着什么"。[1] 这是因为梅尼克在晚年深切地认识到："我们不得不说，布克哈特在对他那个时代的基本的历史特性上的看法更为深刻和准确。作为结果，他比兰克有能力更为清楚和明确地看到未来。"[2] 梅尼克最终不得不承认："今天我们在精神上相比兰克而言更为接近布克哈特。"[3]

梅尼克最后还是勉强保持着对"德意志文化"的一份乐观，并试图在兰克和布克哈特之间，即"权力"和"文化"之间寻求一条折中

---

[1] Friedrich Meinecke, "Ranke and Burckhardt," in Hans Kohn (ed.), *German History*: *Some New German Views*, trans. by Herbert H. Rowen, Boston: Beacon Press, 1954, p. 154.

[2] Friedrich Meinecke, "Ranke and Burckhardt," in Hans Kohn (ed.), *German History*: *Some New German Views*, trans. by Herbert H. Rowen, p. 144.

[3] Friedrich Meinecke, "Ranke and Burckhardt," in Hans Kohn (ed.), *German History*: *Some New German Views*, trans. by Herbert H. Rowen, p. 146.

的道路："它（'德国历史学派'和德国未来的出路，即兰克和布克哈特两者精神的综合体——作者注）应该来源于对权力和文化的、对生活和历史中最为根本的和最为精神的关系的一个新的、更为意义深远的方向上。"①

五 小结

"德国历史学派"因为第二次世界大战后新一代历史学家对其的批判，反而显得更加丰富和形象：诸如德国历史学家弗里茨·费舍尔出版于1961年的《争雄世界：德意志帝国1914～1918年战争目标政策》②，及由其引发的超越史学问题本身的"费舍尔问题"和第一次"历史学家论战"（Historikerstreit），还有本章涉及甚多的那本美国历史学家伊格尔斯对"德国历史学派"进行清算的《德国的历史观》等研究，以及下文将会提及的在20世纪80年代的第二次"历史学家论战"等。但是这些批判者们仍然没有脱离"德国历史学派"的影响而专注于政治史、文化史的研究，或许这正是因为近现代德国历史在这些方面有太多值得讨论与深思的地方。当然同时或许也正是因为这些政治立场模糊或暧昧的德国历史学家们没有在第二次世界大战后得到

---

① Friedrich Meinecke, "Ranke and Burckhardt," in Hans Kohn (ed.), *German History: Some New German Views*, trans. by Herbert H. Rowen, p. 156.

② 〔德〕弗里茨·费舍尔：《争雄世界：德意志帝国1914～1918年战争目标政策》，何江、李世隆译，商务印书馆，1987。此书中费舍尔利用充分的材料证明德国在第一次世界大战中并非是像"德国历史学派"等人所论证的是出于自卫的目的，而是后俾斯麦时代以来德国一系列扩张倾向的必然结果，该研究遭到第二次世界大战后残存的德国史学界的集体声讨，但是这只不过是后者为了"德国历史学派"残存的声誉所做的无谓的反抗而已。费舍尔的观点已经成为该问题在历史学界的主流看法，就此可以参见 Heinrich August Winkler, *Germany: The Long Road West*, Vol. 1 & Vol. 2（1789 - 1933&1933 - 1990），trans. by Alexander Sager, Oxford and New York: Oxford University Press, 2006 & 2007。

彻底的清洗或改造，甚至他们在一定程度上还被认为是再造德国民主的力量，积极地参与到联邦德国政治经济社会的重建进程中去。不过在这里还是须挑明，现实世界并非就是非此即彼的二元世界，与纳粹政治立场不同或者不与之合作，并不代表他们就是自由民主的支持者，特别是在近现代德国这个语境中，这样的现象更为常见。

　　不过这一系列争论仅仅是余波而已："德国历史学派"作为一个传统，伴随着从关注焦点到方法论上都迥异于己的新兴史学家们的兴起和联邦德国社会经济发展与政治民主转型而渐渐地消亡了。① 因此，不论我们如何看待"德国历史学派"，梅尼克无疑是它的最后一位大师，他的思想也便成了"德国历史学派"的"绝唱"。

---

① 关于"德国历史学派"这个传统在第二次世界大战后逐渐消亡的情形，可以参见美国学者格奥尔格·G. 伊格尔斯《德国的历史观：从赫尔德到当代历史思想的民族传统》（彭刚、顾杭译）的第八章和第九章。

第四章
"变"与"不变"背后的底色：
托马斯·曼

一 "文明"与"文化"之争

举世闻名的德国作家托马斯·曼（Thomas Mann）1875 年出生于北德汉萨同盟（The Hanseatic League）工商业城市吕贝克（Lübeck）的一个商人家庭，是另一位举世闻名的德国作家亨利希·曼（Heinrich Mann）的兄弟。他和亨利希一样，在早年便投身于文学创作。虽然兄弟两人在早年共享了许多美好的时光，但大约在 1903 年，两人之间因为家庭事务而产生了不和的迹象。①

在两人的不和背后，实有更为深层次的原因。或者说，两人之间

---

① 具体可以参见 Heinrich Mann and Thomas Mann, *Letters of Heinrich and Thomas Mann：1900 – 1949*, ed. by Hans Wysling, trans. by Don Reneau, Richard and Clara Winston, Oakland：University of California Press, 1998 一书中 Hans Wysling 的介绍部分，他认为托马斯对亨利希的不满除了因为感到亨利希对其作品的轻视之外，还因为亨利希对托马斯所享受的北德商业阶级的市民生活——托马斯·曼在《布登勃洛克一家》（*Buddenbrooks*）中所讲述的那种生活——所表露出来的不屑。

的不和后来演化为更为深层次的矛盾：即"文明"（Zivilization）与"文化"（Kultur）之争。因为亨利希倾向于启蒙运动以来，特别是自德雷福斯事件（Dreyfus Affair）① 以来法国知识分子们所持有的理性、民主、文明和进步的观点；② 而托马斯则倾向于坚持"德意志文化"的特殊性，并持有民族主义的观点。③ 他们兄弟两人之间的不和与争论可以说正是在那个时代欧洲知识分子群体中不同观念之间相互碰撞的缩影。

兄弟两人对第一次世界大战的不同态度最终导致了两人之间关系的彻底决裂。托马斯在 1914 年 8 月和 9 月给兄长亨利希的两封信中谈及第一次世界大战的爆发时甚至掩饰不住自己内心的喜悦："我们难道不该对经历这样伟大事件的完全意想不到的机会而感到欣喜吗？我的主要感受是巨大的好奇感，而且我承认，对这个受诅咒的、无法理解的和灾难深重的德国——如果它至今为止尚未有资格持有'文明'作为最高的善——的最深刻的同情是至少准备好要去击败世界上最为卑劣的国家。"④ "我并不赞同你的著作和它对德国未来的悲观情绪。我认为你对'德意志文化'是非常不公正的……你是否真地认为：作

---

① 1894 年，法国陆军参谋部犹太籍上尉军官德雷福斯（Alfred Dreyfus）被诬陷犯有叛国罪，被革职并处终身流放，法国右翼势力乘机掀起反犹浪潮。此案不久即真相大白，但当时的法国政府却坚持不愿承认错误，经过以作家左拉为代表的进步人士的反复斗争，直至 1906 年德雷福斯才被判无罪。

② 关于亨利希·曼的民主思想的渊源与发展可以参见 Karin V. Gunnemann, "Heinrich Mann and the Struggle for Democracy," in Karl Leydecker（ed.）: *German Novelists of the Weimar Republic*: *Intersections of Literature and Politics*, London: Camden House, 2006。

③ 托马斯·曼在 1910 年和友人库特·马顿斯（Kurt Martens）在谈论他的新书《殿下》的信中谈及亨利希·曼，对他的"来自巴黎的民主想法"不乏嘲讽，而且表明"至今为止可以预见到我今后的著作，它当然也将是无关于民主的"。参见 Thomas Mann, *The Letters of Thomas Mann*: *1889 – 1955*, Selected and trans. by Richard and Clara Winston, London: Penguin Books, 1985, pp. 53 – 54。

④ Thomas Mann, *The Letters of Thomas Mann*: *1889 – 1955*, p. 66. 此书编者认为"世界上最为卑劣的国家"是指沙皇俄国，但鉴于当时托马斯·曼对于协约国的厌恶情绪，并不能排除也是指法国等那些所谓的"文明国家"。

为这次伟大的、根本上正派的和事实上令人鼓舞的人民战争的结果，德国将会延缓她的文明或进步，即她会永久地拒绝你的礼物吗?"① 但非常显然的是，亨利希早就对充斥于当时整个德国的沙文主义感到厌恶和鄙夷了，他在法国巴黎所要做的，就是反对这场由德国为首的专制国家所挑起的战争。

从这个时代的整个大背景来看，在第一次世界大战前，已经和平了几十年的欧洲虽然在各方面都得到了飞速的发展，但是整个大陆上空都弥漫着被认为是由自由主义、现代性和资本主义社会所带来的虚无主义氛围，很多知识分子都认为需要一场战争以彻底荡涤和改变这种颓废的氛围。② 当然，这种思潮因为近现代德国历史和政治环境的特殊性而更加泛滥。在第一次世界大战爆发后，除了托马斯·曼之外，穆齐尔（Robert Musil）、戴麦尔（Richard Dehmel）、豪普特曼（Gerhart Hauptmann）等许多当时知名的德国作家都以各种方式支持德国或奥匈帝国去打这场战争。③

法国作家罗曼·罗兰（Romain Rolland）对德国知识分子们的这种做法提出了质疑和批评，他呼吁德国知识分子行动起来，反对那些在德意志帝国中的"匈奴人"，并希望莱茵河两岸的知识分子能够克服现实政治的隔阂团结起来，携手共建欧洲。和罗曼·罗兰一样，当

---

① Thomas Mann, *The Letters of Thomas Mann*: *1889 - 1955*, p. 66.

② 我们可以从托马斯·曼构思于第一次世界大战前的小说《魔山》（*The Magic Mountain*）中了解到第一次世界大战前欧洲社会的思想状况：各种自由主义、共产主义和无政府主义的思潮错综复杂，而男主角汉斯·卡斯托普（Hans Castorp）最终离开了自己待了七年的疗养院走向战场并献出了生命。

③ 诚如英国学者 T. J. 里德所说的，托马斯·曼第一次世界大战前后的著述"所表达出来的态度无疑是根植在他之前的作品、思想，以及他的私人生活中的，但它们同样也适合于其他的参照框架：诸如德国艺术家和知识分子群体对战争的反动态度；或者在德国社会和思想中那种趋向于回溯到 19 世纪并促成它们的反动的潮流"。T. J. Reed, *Thomas Mann*: *The Uses of Tradition*, p. 179.

时很多"欧洲文明知识分子"都试图在"德意志文化"与德国现实政治两者之间做出区分，即"好的"与"坏的"两个德国的区分，并希望德国知识分子们能肩负起——按照罗曼·罗兰等所谓"欧洲文明知识分子们"所理解的——知识分子的担当。但是大多数德国知识分子都不加犹豫地选择了"文化"与"权力"的结合，否定了"两个德国"的划分。他们认为只有德国在政治和军事上的胜利，才能保障"德意志文化"的存续或实现，而他们的责任就是作为德意志帝国的坚强后盾。这些德国知识分子用《致文明世界书》[①] 这一著名宣言回应了那些"欧洲文明知识分子"的主张。

托马斯·曼虽然并没有在《致文明世界书》上签字，但是出于他在第一次世界大战中的政治立场，我们完全可以把他视作是这份宣言的"第九十四人"。托马斯·曼认为，只有德国的胜利才能保证欧洲的和平和"德意志文化"的存续与发展，同时，只有"德意志文化"的存续和发展才意味着人类更高的进步。这种德意志的特性被深受尼采和特赖奇克影响的托马斯·曼称为"文化"，它和"理性"相反，亦与英国式或法国式的议会民主制互不相容。简言之，是和所谓的"文明"背道而驰的。在托马斯·曼看来，德国思想史上的浪漫主义正是这种"文化"被升华为世界观的范例。[②] 因此在战争一开始，他

---

① 这份宣言即 *Manifest der 93 Intellektuellen*，是由德国社会学家古斯塔夫·冯·施穆勒（Gustav von Schmoller）在 1914 年 10 月 11 日起草的，93 位当时德国著名的知识分子——其中包括文学家豪普特曼、哲学家倭铿（Rudolf Christoph Eucken）、政治学家弗里德里希·瑙曼和物理学家马克斯·普朗克（Max Planck）等——联合署名以支持德国对抗西方世界的战争。首先，他们谴责了西方国家认为是德国发动第一次世界大战的归责，认为这是一场自卫性质的战争；其次，他们认为这场战争背后的是德国与西方国家的"文化"与"文明"之争；最后，他们认为战争是重塑德国民族精神生活且抵制堕落的西方国家与野蛮的俄国的机会。这便是所谓的与法国大革命的"1789 年理念"相对的"1914 年理念"。

② 关于托马斯·曼与叔本华、尼采和瓦格纳以及德国浪漫主义的关系，可以参见 Paul Bishop，"The Intellectual World of Thomas Mann," in Ritchie Robertson（ed.），*The Cambridge Companion to Thomas Mann*，Cambridge and New York：Cambridge University （转下页注）

便在《关于战争的思考》这篇短文中为其同行的行径辩护。托马斯·曼在第一次世界大战期间写下了大量关于政治的文章。在短文《关于战争的思考》（1914）中，他试图在"文化"和"文明"二者的对立区分中来为德国参与战争的行为辩护。在《腓特烈大帝与1756年大联盟》（1915）中，他试图模仿德国历史学派的那些历史学家[1]用历史来为现在的政治形势做辩护或说明。在1915年12月底，他读到了和自己已经断绝关系并客居法国巴黎的兄长亨利希在《左拉》一文中对他的点名批评，觉得受到了严重的伤害与背叛，这促使他开始写作《一位非政治人物的反思》作为回应。在这本花费了托马斯·曼好几年完成的大部头书中，他试图以探寻自我思想根源与探寻"德意志文化"本质的方式来说明德国和西方文明国家之间的不同——前者是感性的、更具有人性和自由的、非政治的文化，后者则是理性的、机械的和政治化的文明，在这两者之间不仅存在着不可调和的矛盾，而且也存在着明显的高下优劣之别。他还指出了那些和亨利希一样的和平主义者的伪善，认为自己对自己所在的文化传统和祖国的热爱是自然的和无可指责的（暗示亨利希对德国和"德意志文化"的背叛）。[2] 可以说此书是对《致文明世界书》的扩展和阐释，同时也是对亨利希的《左拉》的回应和批评。但托马斯·曼自白式的写作，也让我们看清在他背后支撑着他的"德意志文化"，以及他作为德国上层市民阶级（Bürger）一员的"志趣"。在此处须指出，当时大多数德国知识分子所自我标榜的"非政治的"态度并非

（接上页注②） Press, 2004。另外可参见 Thomas Mann, *Reflections of a Nonpolitical Man*, trans. by Walter D. Morris, New York: Ungar, 1987。托马斯·曼在此书中大段使用歌德、尼采和叔本华来论证自己的论点。

[1]　托马斯·曼在早期深受德国历史学派的历史学家特赖奇克和特洛尔奇（Ernst Troeltsch）等的影响。

[2]　参见 Thomas Mann, *Reflections of a Nonpolitical Man*, trans. by Walter D. Morris。

是他们内心的真实写照——德国知识分子群体中的大部分人在几个
世纪以来都积极地参与实际政治进程，只不过他们总是处在实际政
治的外围，而非中心，因此他们宣称要退回"内心的城堡"，并在一
种"非政治"的标签下鄙夷西方国家基于政党制度和议会制度等的
政治行为。德裔美国历史学家弗里茨·斯特恩对这些德国知识分子
的"非政治"心态的评论非常中肯："我认为非政治的德国既是德
国偏离西方及其持续的政治失败的原因，同时也是其结果。"①

自此，亨利希与托马斯两兄弟之间的失和已然明朗，除了两人
在战争后期几封互相质问对方的信件②之外，1918～1922 年的四年
间，两人都没有任何通信。

1918 年，战争即将失败的阴影开始笼罩在德国人的心头，而且
这场战争不仅未实现托马斯·曼所期望的德意志民族精神的浴火重
生，反而给德国带来了社会政治经济及其他方面的各种问题和危机。
托马斯·曼在 1918 年初出版的《一位非政治人物的反思》的前言中
收回了自己在此书中先前的极端立场。他现在认为，民主的前景势
不可当，自己先前保守的反对观点已被证明是毫无希望的辩解，但
是他却同时对此深感痛苦。在 1918 年 9 月 28 日的日记中，他写道：
"我和洛尔（Löhr）谈及悲惨的未来：关于德国必须要被现代化、民
主化，与扫除古老的、浪漫的、帝制的德国的努力，和只能让人苦
恼地、格格不入地推进的这个任务这两者所遇到的抵制，乃是因为

---

① F. Stern, "The Political Consequences of the Unpolitical German," *History*, 3 (1960)，转引
自 Ralf Dahrendorf, *Society and Democracy in Germany*, p. 321。

② 1917 年底到 1918 年初，亨利希与托马斯之间有过几封长信，亨利希希望托马斯"迷途
知返"，但得到的却是托马斯强硬的回击，而且他在信中指责亨利希为什么不去批评诸
如戴麦尔、豪普特曼等人，却总是紧盯着他不放；亨利希则在 1918 年 1 月 5 日致托马
斯的信中指责他缺乏现实感。参见 Heinrich Mann and Thomas Mann, *Letters of Heinrich and
Thomas Mann: 1900 - 1949*, Edited by Hans Wysling，trans. by Don Reneau, Richard and
Clara Winston, pp. 123 - 128。

古老的德国太深刻和太坚定地矗立在德国人的灵魂里，或许它太深刻地被界定为日耳曼文化自身。"①

托马斯·曼在第一次世界大战刚结束时还对美国总统威尔逊的和平建议保持有一定的乐观态度，认为德国人会得到一个相对体面的结果，②但是最后战胜国留给德国人的却是耻辱的《凡尔赛条约》。这让托马斯·曼愤愤不平，但他并未因战争的失败而对"德意志文化"失去信心，甚至正是因为战争的失败，他对"德意志文化"更抱以信心和希望，或者更为准确地说，他开始思考"德意志文化"新的存在方式。③在1920年3月3日的日记中，他写道："尽管亨利希的观点在那个时候表现得是很明智的，但是这已经被最近事件的发展从根本上破坏了。他的西式的教养、他对法国的崇敬和他亲威尔逊的立场等等都已经过时和不行了。"④在1920年12月31日的日记中，他评价罗曼·罗兰关于茨威格（Stefan Zweig）的书时写道："罗兰的傲慢的、病态的和人道主义的人格对于我而言仍然是乏味的。"⑤《凡尔赛条约》签订后，德国出现的社会动荡、巨额战争赔款给德国带来的经济衰退、慕尼黑苏维埃政府的成立，以及法国的莱茵地区分离计划更将托马斯·曼的保守民族主义立场推向了

---

① Thomas Mann, *Thomas Mann Diaries*：*1918 - 1939*, Selection and Foreword by Hermann Kesten, trans. by Richard and Clara Winston, London：Robin Clark, 1984, p. 9.

② Thomas Mann, *Thomas Mann Diaries*：*1918 - 1939*, Selection and Foreword by Hermann Kesten, trans. by Richard and Clara Winston, p. 13.

③ 托马斯·曼在1918年10月5日的日记中写道："我的观点是，在政治领域的民主的文明化在世界范围内的胜利是一个已然的事实，而结果是，如果德国精神要被保存，必要时要建议文化和民族的生活从政治中分离出来：一个从另一个中完全地分离出来。"Thomas Mann, *Thomas Mann Diaries*：*1918 - 1939*, Selection and Foreword by Hermann Kesten, trans. by Richard and Clara Winston, p. 12.

④ Thomas Mann, *Thomas Mann Diaries*：*1918 - 1939*, Selection and Foreword by Hermann Kesten, trans. by Richard and Clara Winston, p. 88.

⑤ Thomas Mann, *Thomas Mann Diaries*：*1918 - 1939*, Selection and Foreword by Hermann Kesten, trans. by Richard and Clara Winston, p. 105.

极端,他甚至对镇压巴伐利亚共产党的行为表示赞许。在 1920 年的选举中,托马斯·曼将自己的选票投给了原来的保皇党——德意志人民党。[①]

正如英国学者 T. J. 里德所评价的:"托马斯·曼在战争时期的作品只是集体合唱中的一部分而已。它们是建立在长久以来德国历史中反西方和反理性主义的传统之中的,这个传统如此之强,以至于一个有高度辨别力和智慧的心灵也不得不接受它的观念。"[②] 但是托马斯·曼之所以重要,以及在本书中之所以要为他单论一章,乃是因为他之后挣脱了这个传统的束缚,发掘出这个传统在源头处非常本真性的一些事物。

二 "理性共和主义者"

"理性共和主义者"这个说法最早是由上一章所论及的德国历史学家弗里德里希·梅尼克在 1919 年提出的。托马斯·曼则是"理性共和主义者"标签下的另外一位重要人物,只是他的"转变"比弗里德里希·梅尼克要稍慢一些,要一直等到 1922 年。1922 年 6 月 24 日,魏玛共和国外交部部长瓦尔特·拉特瑙被右派极端民族主义分子刺杀身亡,战争的失败与严峻的社会现实,使托马斯·曼的思想发生了巨大的"转变",使他逐渐从一位"非政治人物"变成了一位"政治作

---

① 参见 Thomas Mann, *Thomas Mann Diaries: 1918 - 1939*, Selection and Foreword by Hermann Kesten, trans. by Richard and Clara Winston, p. 98. 德意志人民党(Deutsche Volkspartie, 简称 DVP),也译为德意志民族党,原是右翼保守主义的政党,但魏玛时期在施特雷斯曼(Gustav Stresemann)的领导下,该党政治主张趋缓,放弃了原先的保皇主张转而支持魏玛共和国。参见钱端升《德国的政府》,第 63~64 页。

② T. J. Reed, "Thomas Mann: The Writer as Historian of His Time," *The Modern Language Review*, Vol. 71, No. 1 (Jan. 1976), p. 85.

家",这也使他和兄长亨利希的关系得以和解。他是这一时期转变政治立场支持议会民主制的少数德国作家之一,其他如豪普特曼,早已成为魏玛共和国的支持者了。[①] 拉特瑙的遇害促使托马斯·曼坚定地支持共魏玛和国和它的价值观,在《德意志共和国》的讲话中,他第一次表明了自身作为新制度支持者的身份。他认为,民主与人文主义是统一的,如果人们要遵循人文主义,就要学会人与人之间民主地相处。[②]

但是,托马斯·曼也并非全然放弃了自己关于"德意志文化"特性的思想,我们可以从他第一次世界大战后的作品中理解他内心的复杂和矛盾。如在半自传性的短篇小说《错乱少年愁》(*Unordnung und frühes Leid*,1925)中,主人翁科尼利厄斯(Cornelius)教授在第一次世界大战后德国各种经济危机与政治危机四起的环境中,在对民主制度的有保留的支持与对"德意志文化"地位的捍卫之间苦苦挣扎,这也是作家自身的写照。[③]

1927 年,托马斯·曼以其早期作品《布登勃洛克一家》——而非更有争议的《魔山》——获得了诺贝尔文学奖。

伴随着 1929 年的世界经济危机,魏玛共和国短暂的繁荣景象也随之而去,各种极端势力开始大张旗鼓地开展各类政治活动,特别是在

---

① 就此可以参见 Hans Kohn,"The Politics of Thomas Mann,"in *New Leader*,39:7(1956:Feb. 13),p. 28。只不过豪普特曼后来又转而投入国家社会主义运动之中,晚节不保。

② 参见 Thomas Mann,"The German Republic,"in *Order of the Day*:*Political Essays and Speeches of Two Decades*,trans. by H. T. Lowe-Porter,Agnes E. Meyer and Eric Sutton,New York:Alfred A Knopf,1942。

③ 具体可以参见 Alan Bance,"The Political Becomes Personal:Disorder and Early Sorrow and Mario and the Magician,"in Ritchie Robertson(ed.),*The Cambridge Companion to Thomas Mann*。按照 T. J. 里德的看法,"正是托马斯·曼走出了自足的德国艺术领域,这帮助他保存了那些可以从过去和即将到来的崩溃中所能够保存的事物"。T. J. Reed,*Thomas Mann*:*The Uses of Tradition*,p. 274。

1930 年 9 月的议会大选中，纳粹党获得大胜。托马斯·曼与其他纳粹党的怀疑者们一样以不信任的目光关注着纳粹党这支极端政治势力的发展。托马斯·曼周围很多在第一次世界大战后转变立场支持魏玛共和国的知识分子并没有在纳粹崛起时坚守住自己的政治立场，纷纷倒向纳粹。但是曾经吸引托马斯·曼并让他成为"一位非政治人物"的"德意志文化"，让他对纳粹产生了警惕。① 他厌恶纳粹的粗野行径和低俗品位，这不仅是因为纳粹的民粹主义和在艺术上的现实主义与他上层市民阶级的品位不符，而且是因为纳粹反人性的主张与他所深受的"德意志文化"的教养格格不入。托马斯·曼通过主题为"德意志文化"的一系列演讲对右派在魏玛共和国后期发起的所谓"保守主义革命"进行回击，试图打破对手对"德意志文化"的窃用。他希望能够通过自己的演讲唤起德国人民内心的理性来抵制纳粹运动，可是演讲并没有起到捍卫共和国的作用，魏玛共和国还是寿终正寝了。

1933 年 2 月，托马斯·曼和他妻子做了一次长途旅行。他们先到了巴黎，后到瑞士，但不想这却是他们十多年流亡生涯的开始。虽然在 1933 年 5 月的焚书活动中，他的书幸免于难，可亨利希的书就没那么幸运了。托马斯·曼一直在观望（纳粹官员也在观望，希望托马斯·曼能够早日表示效忠），他希望德国人民能将纳粹赶下台，能完成自我的救赎，但是他最后等到的却是令人失望的结果：1936 年，他被剥夺了德国国籍，同时被剥夺的，还有他在 1919 年被波恩大学所授予的荣誉博士头衔。托马斯·曼曾戏

---

① 诸如伯特莱姆（Ernst Bertram）、恩斯特·荣格尔和豪普特曼等当时许多著名的德国文学家都认为纳粹的兴起是德意志民族精神的重生，纷纷投身于纳粹运动。相反，托马斯·曼这次却表现出足够的冷静和警醒。参见 T. J. Reed, *Thomas Mann: The Uses of Tradition*, pp. 311 – 312。参见 Martin Swales, "In Defence of Weimar: Thomas Mann and the Politics of Republicanism", in Alan Bance（ed.）, *Weimar Germany: Writers & Politics*, Edinburgh: Scottish Academic Press, 1982。

谑地将希特勒称为自己的兄弟，[①] 因为他认为希特勒的出现并非是什么偶然事件，而是"德意志文化"放弃自身原有立场走向极端的必然结果。因此在这点上他有别于上文论及的历史学家梅尼克在"好的德国"与"坏的德国"之间所做出的区分——托马斯·曼坚持第一次世界大战时他所坚持的"一个德国"的原则，认为它们只不过是同一个德国的不同面向而已。

因为托马斯·曼自认为肩负着"德意志文化"的未来，所以在1938年，他对美国记者回答道："我在哪里，哪里就是德国。"托马斯·曼的这个说法不禁让人联想到19世纪中叶之前的那些德国文人，对他们来说，非常遗憾的是没有一个政治上统一的德意志国家，他们的认同和效忠只能承载在德语和"德意志文化"之上。不过非常讽刺的是，当德国后来完成政治上的统一和重新崛起之后，那些作为"德意志文化"骄傲的德国知识分子却不能待在自己的祖国为其效力，而是要被迫流亡到北美或者其他远离故土的地方。

随着1939年9月1日第二次世界大战的爆发，托马斯·曼投入了更多的时间在"行动"上——他不仅在美国各地做系列的巡回演讲和广播节目来揭示纳粹政权的野蛮本质，意图捍卫自由、民主和人性，而且还参与对德国流亡者和战争落难者的实际援助。从他当时的日记和信件中可以看出，他在美国利用自己的声望为许多人往来奔波。

在美国流亡期间，托马斯·曼的政治立场也在发生着潜移默化的改变。他在1942～1949年的五场讲座可以视为"他对一个国家（美国）表示感激的标志，这个国家增强了他在魏玛共和国勉强接受的信

---

① Thomas Mann, "A Brother," in *Order of the Day: Political Essays and Speeches of Two Decades*, trans. by H. T. Lowe-Porter, Agnes E. Meyer and Eric Sutton.

念，即政治与文化绝对不能分开，精神只有在民主国家才能享受充分的自由"①。

在第二次世界大战后期局势逐渐明朗时，托马斯·曼显得非常积极乐观。他在给友人的信中写道："今天对于一位根植在'德意志文化'中的和想要保持对德国语言的信心的德国人来说，观察他的祖国的未来是很艰难的。然而，改变和重建整个民族的可能性是伟大而又不可预见的，因此我们不应该对此失去信心。"② 可是，在第二次世界大战后，托马斯·曼与他的德国同胞之间的关系一度非常紧张。与很多德国人将罪责推给纳粹高层不同，托马斯·曼认为纳粹是根植于"德意志文化"之中的，纳粹背后的推动力也是 20 世纪"德意志文化"（包括他自己的思想）的推动力，因此战争的结束也意味着自我质疑的开始。③ 这也是他的小说《浮士德博士》（Doktor Faustus）的意涵。当第二次世界大战后几家德国报纸推荐托马斯·曼担任联邦德国的总统时，他怀着惊讶的心情拒绝了。托马斯·曼在第二次世界大战后的好几年内都因为认为德国人负有集体罪责而拒绝回到德国——个中原因是他在纳粹刚上台时，曾经希望德国人民能完成自我的救赎，但是他们却没有——直到多年之后，托马斯·曼才跟他的那些经过"去纳粹化"和被"再教育"的德国同胞重归于好。我们可以从中认识到，托马斯·曼对待他的德国同胞的心情就是"爱之深，责之切"，当然在此也可以改用下艾青的诗歌：为什么他的眼中常含泪水，因为他对这土地爱得深沉。

---

① 〔德〕沃尔夫·勒佩尼斯：《德国历史中的文化诱惑》，刘春芳、高新华译，译林出版社，2010，第 67 页。

② Thomas Mann, *The Letters of Thomas Mann*: *1889 – 1955*, Selected and translated by Richard and Clara Winston, p. 335.

③ T. J. Reed, *Thomas Mann*: *The Uses of Tradition*, pp. 358 – 359.

三 "德意志文化"：托马斯·曼的底色

在第一次世界大战时期，在魏玛共和国时期，在纳粹上台后流亡瑞士和美国时期，在第二次世界大战结束后，没有哪一位德国作家像托马斯·曼那样积极地投身到政治活动之中。人们不禁要问：托马斯·曼真的是一位政治思想家吗？答案却是否定的。诚然，托马斯·曼写过许多政治方面的文章，但他终究是一位"非政治"的人物。正如T. J. 里德所评价的："他（托马斯·曼）的政治理论显然并不是非常深邃和系统的，但是却是用常识理性捍卫了非常基本的权利与人类的行为准则。"[①]

在两次世界大战之间，托马斯·曼的政治立场从右到左，从民族主义到自由主义的"转变"是非常明显的，[②] 但是这个"转变"背后一直支撑着他的却是一种"不变"的底色即"德意志文化"。如果我们认识到托马斯·曼一生所经历的正是德国近现代史上变革最激烈的几十年，那么我们也就可以理解他所处的环境导致的他内心深处的挣扎和矛盾。在魏玛共和国时期，作为一个"理性共和主义者"的他，在理性上是拥护共和国和社会民主党的，但是他在感性上还是和早期的时候一样，是一个民族主义者，也是一个旧帝国的拥护者。他在第二次世界大战期间也坦言："我不是无裤党（Sansculotte），不是雅各

---

① T. J. Reed, "Mann and History," in Ritchie Robertson (ed.), *The Cambridge Companion to Thomas Mann*, p. 19. 亦可参见〔德〕托马斯·曼《多难而伟大的十九世纪》，朱雁冰译，浙江大学出版社，2013；〔德〕托马斯·曼《歌德与托尔斯泰》，朱雁冰译，浙江大学出版社，2013。

② 有论者指出了托马斯·曼第一次世界大战后在政治立场上的一个非常明显的转变，但是未看到在这个转变背后托马斯·曼自身思想的连续性。参见景凯旋《托马斯·曼的转变》，《随笔》2009 年第 5 期。

宾派。也不是革命者——我整个人就是一个保守派。也就是说，我是和传统站在一起的……我必须要悔恨地承认，在我青年时，我分享了德国思想中的危险成分，即将生命和知识、艺术和政治看作是完全分离的世界。"① 但是他在经历过许多事情后，已经充分地认识到："一个人可以成为文化的和非政治的人的幻想对德国造成的伤害已然发生。"② 从20世纪20年代后期到40年代，托马斯·曼试图通过一系列的演说和讲话来界定和捍卫很多近现代德国历史上的思想家——诸如莱辛、维兰德（Christoph Martin Wieland）、歌德、席勒、叔本华和尼采等——的思想，并由之来发展“德意志文化”中人性的一面，但他在《一位非政治人物的反思》（1918）中，也正是通过对这些思想家的探寻来发展“德意志文化”的特殊性和反“文明”的一面的。这种“转变”大概是因为他接受了兄长亨利希的劝告，从第一次世界大战结束前封闭的自我中走出来，转而更加关注社会－政治的现实。但是在一定程度上，托马斯·曼终身都没有脱离他所出生的和在《布登勃洛克一家》中所描绘的北德商业城市吕贝克的大家族的影响，即上层市民阶级社会的优雅品位。直到晚年，经过在美国的长期生活，他才彻底认识到民主的可贵之处——精神或文化只有在民主之中才可以免遭毁灭。

不容否认的是，托马斯·曼在内心深处是一直肯定“德意志文化”与西方世界的以理性为基础的“文明”相比所具有的特殊性和崇高性的。第一次世界大战时，他为德国的战争行为辩护是为了捍卫

---

① Thomas Mann, "The Coming Victory of Democracy," in *Order of the Day*: *Political Essays and Speeches of Two Decades*, trans. by H. T. Lowe-Porter, Agnes E. Meyer and Eric Sutton, pp. 150 – 151.

② Thomas Mann, "Mass und Wert," in *Order of the Day*: *Political Essays and Speeches of Two Decades*, trans. by H. T. Lowe-Porter, Agnes E. Meyer and Eric Sutton. pp. 95 – 96.

"德意志文化"；魏玛共和国时期，他抵制纳粹等极端政治势力是为了捍卫"德意志文化"；流亡到美国后，他认识到美国的民主制度才是捍卫文化的基石，所以赞扬美国的民主制度也是为了捍卫"德意志文化"。他终归是以"一位非政治人物"的观点看待他所经历的这些政治事件，而捍卫"德意志文化"才是发自他内心深处的真实呼喊。应该说，他的政治立场是在"转变"，但是其背后的支撑点却是"不变"的。他已经从被19世纪民族主义所扭曲之后的"德意志文化"中走出，并复归到"德意志文化"的源头，即与权力相分离的、超越于政治的、关注人性的"德意志文化"。①

托马斯·曼晚年的工作主要是对德国历史与文化的整理，按照T. J. 里德的看法，"这也是对他自己的思想与艺术的整理与总结"②。最终，托马斯·曼和兄长亨利希殊途同归。在1950年3月19日致友人的信中，他如是谈及刚过世的兄长亨利希："一个深刻地植根在欧洲传统之中的人，如他的基本作品所阐释的，是具有一种在德国非常罕见的真正先知式的政治直觉的人。"③ 或许这也是对他自己的一生非常合适的评价。

四 小结

若纵观近现代德国政治思想，我们可以发现，托马斯·曼在各个

---

① 正如有论者曾经指出的："在维兰德 - 歌德时代，真正的爱国者和民众的朋友、世界公民是同义反复，是一回事，还没有被意识形态滥用。托马斯·曼通过回溯维兰德，从客观上消除了德国式的人道引起的歧义，也使他免于陷入纳粹的民族主义。"谷裕：《"由〈魔山〉看托马斯·曼对保守主义的回应》，载曹卫东主编《危机时刻：德国保守主义革命》，第 298 ~ 299 页。

② T. J. Reed, *Thomas Mann: The Uses of Tradition*, p. 322.

③ Thomas Mann, *The Letters of Thomas Mann: 1889 - 1955*, Selected and trans. by Richard and Clara Winston, p. 424.

阶段的思想其实都可以在他的"德意志文化"的背景中寻找到线索，而且这些思想也是自他之后直至目下从极右的保守主义者到偏左的民主主义者共享的思想资源库。他作为一位具有极大影响力的知识分子，在某种程度上可以说是德国及"德意志文化"积极面向的代表；但是他在政治上未成熟时期的思想，也总是被一些别有用心者所截取使用。

托马斯·曼的可贵和难得之处正是他对于自身及自身所浸润于其中的"德意志文化"的自反性认识以及返回源头的历程。正是他的这份努力，给后纳粹时代"德意志文化"的发展指明了一种前景。像下文所提及的德国作家君特·格拉斯（Günter Grass）在"两德统一"后，对德国作为文化国家的展望，正是明显地受到了托马斯·曼后期思想的影响。当然，托马斯·曼的重要意义还在于为世人树立了"德意志文化"——这个文化已经部分地被近现代德国现实政治给玷污了——的正面形象。

第五章

需要"实质性内容"的公法学：
赫尔曼·黑勒

一 第一次世界大战后德国公法学界概况

如果按照学界通常所认为的那样，第一次世界大战对当今世界产生了巨大的，乃至决定性的影响，① 那么他们一定是指与第一次世界大战前后兴起的"民族自决"这个范畴密切关联的一系列思想转变。"民族自决"这个范畴将欧洲启蒙运动以来的"普遍性"问题转化为"特殊性"问题，并将"民族国家"这个问题推进到了一个崭新的高度。可以说，第一次世界大战不但不是自由主义的胜利，而且还是一种典型的衰退。在两次世界大战之间的欧洲所酝酿和发酵的各种思潮相互激荡的场面，正如托马斯·曼在《魔山》中所预示的一般：欧洲

---

① 参见 Michael Stolleis, "The Long Farewell," in *A History of Public Law in Germany: 1914 – 1945*, trans. by Thomas Dulap, Oxford and New York: Oxford University Press, 2004。关于第一次世界大战后国家理念与国家状态的改变，也可以参见 Chris Thornhill, *A Sociology of Constitutions: Constitutions and State Legitimacy in Historical-Sociological Perspective*, pp. 275 – 326。

上空阴云密布。

　　在第一次世界大战后，欧洲兴起的各种思潮也深刻影响和塑造了魏玛共和国时期的公法学思想。在第一次世界大战战败后的德国，占支配地位的仍然是延续自"德意志第二帝国"后期以来的以新康德主义哲学为方法论的实证主义法学，[①]并由于其和社会民主党以及《魏玛宪法》的密切关系，而成为魏玛共和国早期的显学。[②]但也正是因为实证主义法学和《魏玛宪法》之间的关系，当魏玛共和国陷入内外交困的时候，与之相联系的实证主义法学也成了新兴一代法学家批判

[①]　首先在此需要厘清一下本章中交替出现的实证主义法学、新康德主义法学、纯粹法学派这三者之间的关系。简言之，早期的实证主义法学主要是和自然法学派相对应的，它们认为法律作为人类制定的实定的规范系统，与道德之间并不存在必然的联系；新康德主义法学是以新康德主义哲学为方法论的法学思想，即区分了"是"与"应当"，强调对"实定的法律"的分析，而非对"应然的价值"做出判断；纯粹法学派，即以本章所涉及的汉斯·凯尔森（Hans Kelsen）为代表，他认为要将法律的"形式"和"内容"区分开来，法学主要是研究作为实定的法律规范系统的形式（因此又有"形式法学"这一说法），而应将诸如道德问题与政治问题等内容从其中摒除出去。这是实证主义法学在当时发展的最新阶段。虽然这三者之间存在着细微的差别或侧面不同，但是本章所侧重的是它们之间的相似性，正如桑希尔所指出的："（实证主义法学和新康德主义法学）这两种观念可以同样被视为是促进国家状态和宪法统治的最低限度模式的理论，和同样是聚焦在国家通过正式的与大量的非政治性规范的过程而获得正当性的观点。" Chris Thornhill, "Carl Schmitt and early Western Marxism," in Alan Schrift (ed.), *History of Continental Philosophy*, vol VI: *Politics and the Human Sciences*, Chicago: Chicago University Press, 2010, p. 1. 另需指出的是，新康德主义法学主要分为两派：一派受到马堡学派影响，代表人物凯尔森认为法律是一种知识形式的规范体系，而法学仅限于从形式上分析实在法规范，另一派受到弗莱堡学派的影响，强调价值和评价在法学研究中的地位和作用，认为法律是一种文化现象而非形式的规范体系。参见刘建伟《新康德主义法学》，法律出版社，2007，第5~6页。在本文中所提及的新康德主义法学派主要是指前者。

[②]　在此还需要注意的是，《魏玛宪法》并不全然是自由主义、实证主义法学和新康德主义法学的产物，因为在其制定过程中，出于当时德国的社会状况和各方面的压力，它其实是残存着很多矛盾与模糊之处的妥协物。但毫无疑问的是，《魏玛宪法》是与自由主义、实证主义法学和新康德主义法学紧密联系在一起的。就此问题可参见〔英〕克里斯·桑希尔的《德国政治哲学：法的形而上学》，陈江进译，人民出版社，2009，第432~477页；Peter Stirk, "Hugo Preuss: German Political Thought and the Weimar Constitution," in *History of Political Thought*, Vol. XXⅢ. No. 3. Autumn 2002.

的对象。① 这场批判甚至演变成了一场浪潮。正如有论者已经观察到的："任何人在上世纪 20 年代初前来波恩研究宪法，马上会发现此处弥漫着一股反对传统的宪法实证主义之气氛，这种新兴宪法学说是以三位教授为代表——西门教授（即斯门德，Rudolph Smend——作者注）、考夫曼教授（Erich Kaufmann——作者注），以及卡尔·施密特教授（即施米特——作者注）……尽管三人在见解方面稍有差异，但是这三位学术界的巨擘，的确把德国的宪法思想导入了人文与历史的因素，并且使波恩成为'新宪法学'之中心。这个新的宪法理论用来反对宪法实证主义、规范主义及形式主义等三个传统宪法思想原则的口号，便是：宪法的现实性，以及宪法价值。"②

如果说来源于启蒙运动、罗马法复兴运动以及实证主义哲学的实证主义法学是一种追求与经验事实无涉的法学思想，那么后来兴起的并与之相对的反实证主义法学则是希望将"实质性内容"——分析的剩余物，历史的、政治的，或者说是社会实在、经验内容——重新注入法律规范系统之内，并且以对民族-国家的分析为起始和归宿的法学思想。③ 虽然我们可以在德国法学传统中找到古代的日耳曼法传统

---

① 但是，反实证主义法学对实证主义法学的反对并非单纯是出于政治现实的考虑，在某种程度上，这也是近现代德国公法学理论自身发展的一种内在要求。就此可以参见李忠夏《宪法学的教义化——德国国家法学方法论的发展》，《法学家》2009 年第 5 期。

② 陈新民：《公法学札记》，中国政法大学出版社，2001，第 150～151 页。

③ 与实证主义法学家拉班德（Paul Laband, 1838～1918）同一时代的黑内尔（Albert Hänel, 1833～1918）便拒绝拉班德把重要的历史内容和政治内容从国家法学说中驱逐出去而构建的以"实质性内容"为基础的国家法学说。参见〔德〕米歇尔·施托莱斯《德国公法史（1800～1914）：国家法学说和行政法》，雷勇译，法律出版社，2007，第 474～479 页。在黑勒、施米特与斯门德等人对拉班德的继承人凯尔森的批判中，他们也都持有与黑内尔相似的观点，即试图将实证主义法学为构建规范体系而试图剔除出去的分析的剩余物重新注入法学系统内部。虽然黑勒本人并未直接提出"实质性内容"这一说法，但他经常以历史、伦理、政治、社会实在或者经验内容等来说明这个对象。加拿大学者戴岑豪斯（David Dyzenhaus）在他对黑勒的研究中也经常出现实质的因素、实质的正当性等说法，参见〔加〕大卫·戴岑豪斯《合法性与正当性：魏玛时代的施米特、凯尔森与海勒》，刘毅译，商务印书馆，2013，第 188～255 页。非常巧合的是，黑内尔 （转下页注）

和近现代以萨维尼为代表的历史法学派等与魏玛时期的反实证主义法学相近的观点，但是我们同样甚至更应当把这股对实证主义法学批评的浪潮视作 20 世纪初兴起的试图克服法的规范主义并为私法寻找本质 - 价值的自由法运动（Freirechtsbewegun）在公法领域的展现。在政治背景方面，反实证主义法学对实证主义法学的反动，一定程度上还受到了两次世界大战之间在欧洲诸多国家兴起和普遍存在着的反自由主义的民族主义和社会主义等思潮的影响。

在这股第一次世界大战后德国新兴法学家们对实证主义法学批判的浪潮中，有一位被后世所经常忽视，却又非常重要的公法学家：赫尔曼·黑勒。赫尔曼·黑勒（Hermann Heller, 1891～1933，中文也译为赫勒、海勒）是出生于奥地利的犹太裔德国公法学家，是社会民主党党员。黑勒曾求学于基尔（大学）、维也纳（大学）、格拉茨（大学）和因斯布鲁克（大学）等学校。1913 年夏季学期，他在维也纳大学曾听过凯尔森的课程，1915 年在格拉茨大学获得博士学位，1920 年加入社会民主党，并在著名的新康德主义法学家古斯塔夫·拉德布鲁赫（Gustav Radbruch）的指导下于基尔大学获得授课资格。可以说，黑勒学术生涯早期是和许多同时期的德国公法学家一样，在一个新康德主义法学色彩非常浓厚的学术氛围中接受了系统的学术训练，但不同的是，他后来彻底背弃了这个传统。

黑勒后来因为学术和政治志向上的分歧而与拉德布鲁赫分道扬镳，1922 年去莱比锡大学任教，从事社会民主党的成人教育工作。1925 年就社会民主党的政治方针问题与马克斯·阿德勒展开争论，

（接上页注③）在 1863 年到 1918 年逝世之前一直任教于基尔大学，黑勒在 1912～1913 年，以及 1918～1920 年都曾在基尔大学学习，但笔者尚未发现有直接的文献材料支持黑内尔和黑勒之间的联系。

1926 年加入柏林的威廉皇帝外国公法研究中心（Kaiser-Wilhelm-Institut für ausländisches öffentliches Recht und Völkerrecht），1928 年在柏林大学获得助理教授职位，1932 年获得法兰克福大学教授职位，同年在普鲁士诉帝国（Preußen contra Reich）一案中代表社会民主党与施米特展开交锋。纳粹上台后，黑勒流亡国外，1933 年客死西班牙。

黑勒所有的学术作品都是发表于 1919~1933 年的这段时间，恰好和魏玛共和国的存续时间重合，在其身后被收录于三卷本的全集中。[①]

二 黑勒对凯尔森的批判

以奥地利法学家汉斯·凯尔森为代表的实证主义法学的主要观点是，法律规范系统作为一个在逻辑上封闭而又自足的系统，可以对其实现完全的理性化。换言之，凯尔森式的实证主义法学因为讲求法律规范系统内部在形式逻辑上的自洽性而不能处理社会中多元存在的分歧所导致的矛盾和偶然性，所以他们能做的就只是将这些法律的形式逻辑分析所不能分析的矛盾和偶然性视为非法律的问题，或者将其定为形而上学的可疑对象（即所谓“分析的剩余物”，亦是本文所指的“实质性内容”）剔除出去，从而以空洞的逻辑框架来构建自身的、纯粹的法律规范系统。实证主义法学所追求的是以“去人格化”

---

① 关于赫尔曼·黑勒的生平介绍参见刘刚《译者序：在理性与决断之间——赫尔曼·黑勒的生平、思想与影响》，载〔德〕赫尔曼·黑勒《国家学的危机：社会主义与民族》，刘刚译，中国法制出版社，2010，第 1~6 页。另可参见 Ellen Kennedy, "Introduction to Hermann Heller," in *Economy and Society*, 16:1 (Feb., 1987); David Dyzenhaus, "Introduction of the Chapter 'Hermann Heller'," in Jacobson, Arthur J. and Bernhard Schlink (eds.): *Weimar: A Jurisprudence of Crisis*, Oakland: University of California Press, 2002。黑勒的全集目前有两个版本，但收录文章是一致的，本书采用了第一个版本：Hermann Heller, *Gesammelte Schriften*, Leiden: Sijthoff, 1971 / Tübingen: J. C. B. Mohr, 1992。

和"去意志化",即以客观明晰之法律规范系统来寻求对主权者恣意的限制和对社会行为之可预见性的保证。凯尔森的纯粹法理论除了有以上实证主义法学这些共有的原因之外,还追求其理论内在结构的严整性。

与之相对应,诸多新兴法学家认为,实证主义法学这种抽象的法律科学及以其为基础构建的"自由法治国"(Liberal Rechtsstaat)并不足以整合造成魏玛议会民主制危机的政治危机和多元分歧,于是凯尔森对国家和法秩序的界定在当时同时遭到了那些试图推翻共和国的人和那些试图捍卫它的人两方面的抵制。

在魏玛共和国时代,反实证主义法学和实证主义法学在理论上的争论焦点主要有以下两个。第一,在方法论层面的"是"与"应当",或者说"实然"与"应然"、"形式"与"内容"的关系上:实证主义法学认为,法律本身就是实定的法律规范系统,而作为目的的"应然的价值"需要被隔绝在外;反实证主义法学认为,法律不应该只包括实定的法律规范系统层面的问题,还应该融合或者包含作为目的的"应然的价值"。第二,在"正当性"与"合法性"①这对贯穿近现代德国政治思想的范畴之间的关系上:相比于实证主义法学将"合法性"等同于"正当性"(或者说将"正当性"消解为"合法性")的做法,它的批评者们认为这两者之间是有差别的,而且"正当性"是决定"合法性"的。

黑勒的公法学思想正是通过对凯尔森的纯粹法理论的批判而展露

---

① 正如德国国家学学者齐佩利乌斯(Reinhold Zippelius)所指出的:"正当性问题或者涉及国家权力的认同性(规范的正当性),或者涉及事实上的被认同性(社会学上的正当性)。而合法性则意味着,共同体的共同生活有法律规范,国家功能尤其应通过法律规范的方式获得和履行。"〔德〕齐佩利乌斯:《德国国家学》,赵宏译,法律出版社,2011,第151~152页。

自身特点的。如前所述，凯尔森的纯粹法理论属于当时实证主义法学发展的最新阶段，在对法律规范系统进行的"去人格化"和"去意志化"方面做得如其名称一般，非常"纯粹"。但是黑勒对其所做的批评，正是指出凯尔森这种削去了人类学 – 社会学基础的法学思想作为国家法学理论在内在理论上的不足和在外在运作中的无效，并试图在对凯尔森的批判当中，创设一个以社会实在为基础的、具有"实质性内容"的法学理论来作为社会协调统一的基础。

在 1928 年的德国国家法教师联合会（Vereinigung der deutschen Staatsrechtslehrer）大会上，黑勒和凯尔森之间有过正面的交锋，[①] 但其实黑勒在其 1926 年出版的《国家学的危机》一书中就已经充分展开了自己的论点。黑勒在此书中首先对国家学进行了漫长的理论背景梳理。黑勒认为，从拉班德到凯尔森的实证主义法学思想就是为了构建一个"自由法治国"。而他们的方法或者基础就是摒除了个人意志和社会实在的、封闭而又在逻辑上自洽的实定法律规范的系统——连带着范畴或概念的。如黑勒评价凯尔森的纯粹法理论所做的是：它始终如一地履行拉班德订下的方案，即国家学的研究要剔除社会学和价值因素。[②]

黑勒认为，国家学的主要研究对象正是凯尔森所试图剔除的"实质性内容"，因为它们才是实定法律规范的"正当性"来源。黑勒指出，对于实证主义法学而言，"自始就被看作国家思想中最

---

① 〔加〕大卫·戴岑豪斯：《合法性与正当性：魏玛时代的施米特、凯尔森与海勒》，刘毅译，商务印书馆，2013，第 188～189 页。

② 拉班德曾说："所有国家中'非法律的'方面，诸如'历史的、政治的和哲学的观察'，在具体的法律文本的解释中没有任何的重要性。"Paul Laband, *Das Staatsrecht des Deutschen Reiches*, 5th ed. 4 vols, 1911 – 1913, Aalen: Scientia Verlay, 1964, I: ix; 转引自 Peter C Caldwell, *Popular Sovereignty and the Crisis of German Constitutional Law: The Theory and Practice of Weimar Constitutionalism*, Durham（NC.）: Duke University Press, 1997, p. 16。

重要的那些问题，如国家的本质、现实和统一问题，国家的目标和正当性问题，对法和权力之间关系的研究，以及这类国家问题与社会概念之间的关系，都将被看作是超法律的问题，而被放逐出国家学的领域。然而谁要是无视这些问题，放弃一般国家学，而只专注于国家法学，那么，他就将忽视实然、意义和应然构成的真正框架，而陷于严重的错误当中。因为法律规范无法从历史－社会的实然和价值观中完全脱离出来，否则这些规范就将变得毫无意义和内容"。①

黑勒进而指出，凯尔森不但在国家法学研究对象的界定上犯了错误，而且他所代表的实证主义法学在方法论上就是站不住脚的，因为它所"面对的虽然是经验科学和文化科学的研究对象，采用的却是规范科学的方法"②。黑勒对与他同一时代的德国国家学，即实证主义法学占据主导地位的国家学的评价是："实证主义法理学对社会学、形而上学和伦理学敬而远之，它单枪匹马地争取一种据称独立于价值和事实的形式主义的努力，都注定了它在面对一般国家学的所有真问题时的毫无作为"。③

在此我们应当注意到，黑勒对凯尔森法学思想的批判是有着超越方法论问题本身的极为强烈的现实政治背景的，正如桑希尔所指出的："凯尔森最有影响的反对者们都相信，纯粹规范性的与准形而上学的国家理论并不是第一次世界大战后政治生活的具体任务，它们不能可靠地保障发生内战的欧洲脆弱的政治民主与自由。"④ 所以黑勒除

---

① 〔德〕赫尔曼·黑勒：《国家学的危机；社会主义与民族》，刘刚译，第 11~12 页。
② 转引自〔德〕赫尔曼·黑勒《国家学的危机；社会主义与民族》，刘刚译，第 11 页。
③ 〔德〕赫尔曼·黑勒：《国家学的危机；社会主义与民族》，刘刚译，第 10 页。
④ 〔英〕克里斯·桑希尔：《德国政治哲学；法的形而上学》，陈江进译，人民出版社，2009，第 439 页。

了在理论上批评实证主义法学在方法论上和在诸如国家等基本范畴的认识上的问题之外，还尖锐地批评，法律规范系统如果忽视经验性的社会实在，就将不能处理社会－政治现实运作中的问题。这也就是说：“通过完全不需要前提条件且价值中立的文化认知来实现国家学和政治的分离，纯属天方夜谭，这种有害的妄想必须被抛弃。任何国家思想都无法回避对社会冲突中的对抗和利益给予关注。”①

但是这并不意味着黑勒完全否定了实证主义法学的价值，他认为，实定的法律规范是为了实现作为目的的“应然的价值”的手段，而非本身就是目的。伦理性的社会实在是需要通过法律规范系统才能实现的，即，“伦理性法原则必须通过国家所制定的法语句，才能成为法现实”②。他之所以反对凯尔森的纯粹法理论，是因为凯尔森抽掉了本应该作为实证法基础的“实质性内容”。这不仅使国家学理论变成在法律规范系统内部的、空洞的逻辑分析，无法实现“实然”与“应然”的融合，无法提供国家的“正当性”来源，而且也无法处理社会中存在的矛盾和偶然性，从而无法把魏玛时期存在的各种离心势力整合于一个共同体的框架之内。

三 “社会法治国”

黑勒在对凯尔森的法学思想进行批判之后，所要做的就是提出自己的解决魏玛宪政危机的方案。在此，我们需要考察他的国家法理论，才能充分理解他所要重新注入法律规范系统的“实质性内容”的含

---

① 〔德〕赫尔曼·黑勒：《国家学的危机；社会主义与民族》，刘刚译，第 43 页。

② Hermann Heller, "Staatslehre," in ders., *Gesammelte Schriften*, Bd. Ⅲ, Tübingen: J. C. B. Mohr, 1992, SS. 79－395, S. 332. 转引自钟芳桦《法规范的三个社会基础：论 Hermann Heller 的法概念论》，《中原财经法学》（台湾桃园）第 15 期，2005 年 12 月，第 24 页。

义，才能理解他要超越实证主义法学的"自由法治国"的"社会法治国"（Sozial Rechtsstaat）思想。

虽然黑勒曾对"社会法治国"有过一个直接而简单的定义，即，"在这个国家中，可以基于普遍选举的前提，通过民主立法，而非通过有产阶级建立专政国家的方式来实现社会的根本变革"①。但是这对我们理解黑勒"社会法治国"的实质而言，是远远不够的，因为这个定义只强调了"社会法治国"是在保留资本主义"自由法治国"的建制的基础上对其的扬弃，并未指出"社会法治国"的实质。

黑勒的公法学思想在方法论上主要受到新黑格尔主义社会哲学家汉斯·弗莱尔（Hans Freyer）的"现实科学"（Wirklichkeitswissenschaft /Science of Reality）及以弗莱尔和社会学家西奥多·利特（Theodor Litt）为代表的"莱比锡学派"的影响，②主张要探究社会中集体存在的生活形式，认为社会现实是一种在历史进程中不断更新演变的过程，是人类文化创造的现象，而且是社会形成的一种辩证过程。③但同时，这也和他早年所接受过的学术训练有关。黑勒的法学思想处处透显着黑格尔法哲学思想的影响，并典型地体现在他一直辩

① Hermann Heller, "Rechtsst aat oder Diktatur," in *Gesammelte Schrifte*, Bd. II, Leiden: Sijthoff, 1971, S. 450. 转引自〔德〕英格沃·埃布森《德国〈基本法〉中的社会国家原则》，喻文光译，《法学家》2012 年第 1 期，第 168 页。

② 黑勒的著作中经常援引弗莱尔和利特，但更为巧合的是几人在生平事迹上的短暂重合：弗莱尔 1922 年从莱比锡大学去基尔大学任教，1925 年回到莱比锡大学并一直在此任教到第二次世界大战结束后；利特则在 1920～1937 年一直任教于莱比锡大学。弗莱尔和利特代表了所谓关于辩证思考和关于历史和社会考察进路的"莱比锡学派"。黑勒于 1922 年离开基尔大学去莱比锡大学任教，那时利特已经在莱比锡大学了。在 1926 年黑勒离开莱比锡大学之前，弗莱尔也早已回到莱比锡大学。受到弗莱尔和利特的影响，特别是弗莱尔关于"民族共同体"的观点，黑勒发展了自身原本新黑格尔主义的倾向，以克服新康德主义法学的影响。

③ 钟芳桦：《法规范的三个社会基础：论 Hermann Heller 的法概念论》，《中原财经法学》（台湾桃园）第 15 期，2005 年 12 月，第 12 页。

证地围绕着国家、社会和文化这些概念来构建自身的法学思想。加之黑勒作为社会民主党右翼成员积极投身政治论辩和政治实践，这些因素都构成了他的法学思想的背景。

1925 年，在社会民主党内部与阿德勒的争论中，黑勒指出国家和民族在社会主义运动中的重要性，[①] 正如他在 1920 年的授课资格答辩上对黑格尔的国家概念所做的辩护，国家这个范畴在黑勒的思想中具有非常重要的地位。如前所述，对黑勒来说，国家并不是凯尔森式的法律规范构成的系统，也不是由实证主义法学所预设的分立的个人私利聚合起来的“自由法治国”，而应该是不仅包括对历史的回顾，也有对未来的展望，是一种黑格尔式的“伦理实在”，是“多样性的统一性”，是扬弃了“自由法治国”的“社会法治国”。

在黑勒的思想中，与国家概念紧密联系的是民族和社会两个概念，即民族 – 社会构成实际政治中的单元，通过民族 – 社会这个单元内部的社会实践活动产生国家；而作为具体存在的伦理国家，反过来又是保障和实现民族 – 社会的目标的基础。他认为，国家是一个由个别意志的多样性形成统一性的过程，这个统一性形成的过程既建基于国家权力带来的影响之上，又受到社会上既存的各项文化或物质条件的限制，从而使“我们暂且可以这样界定国家，它是一个通过社会整体的

---

① 黑勒与阿德勒的争论主要围绕国家和民族在社会主义运动中的作用上，黑勒认为国家和民族在此过程中具有非常重要的作用，而阿德勒则倾向于支持社会主义的国际主义。具体参见 Ellen Kennedy, "The Politics of Toleration in Late Weimar: Hermann Heller's Analysis of Fascism and Political Culture," *History of Political Thought*, vol. 5 (1984); Hermann Heller: "Korreferat von Max Adler," in *Gesammelte Schriften*, Bd. III, Leiden: Sijthoff, 1971。黑勒在这方面的观点非常类似于在 20 世纪 20 年代奥地利维也纳的社会民主党知识分子们——诸如伦纳和鲍威尔——所持有的将社会主义和民族主义结合在一起的观点，就此观点参见 Jan-Werner Müller, *Contesting Democracy: Political Ideas in Twentieth-Century Europe*, New Heaven and London: Yale University Press, 2013, p. 56。黑勒在相关论述中大量地直接援引伦纳和鲍威尔的观点。

心理－物质方面的显示经历所保障的'有机的统一体'"①。换言之，黑勒认为，社会的多元性在国家之中通过实践、交往与文化的作用是有获得统一性的可能的，"现代社会的法律与政治制度是通过一种能将民族或文化秩序中的所有成员都统一起来的'现实体验'所形成的，它们不断地再生自身以作为对存在于文化中的生命体验的新表达"②。黑勒坚持认为，"社会法治国"理念的重点在于公民的政治成熟和参与，在于共同体内的实践、交往与文化的构成性作用与影响，即通过构建"民族－社会共同体"这个构成性的人格来克服民族－社会的日常生活中个人、阶级的利益分歧，为国家提供"正当性"的来源，并以此为核心来构建"社会法治国"。和黑格尔一样，黑勒认为社会中多元存在的分歧并不是可以在伦理国家中被消灭的，因为伦理国家正是通过扬弃这种社会中多元存在的分歧的"多样性的统一性"实现的。

黑勒作为一位"修正主义的"社会主义者，将社会主义和民族主义两个概念结合在一起。他明确地指出："民族是一种最终的生活形式，它既不能、更不应该通过社会主义而被消解。社会主义绝不意味着终点，而只是民族共同体的充分实现，并非意味着通过阶级来消解民族人民共同体，而是，通过一个真正的民族人民共同体来消灭阶级。"③

在黑勒的"社会法治国"范畴内，也包括了经济层面上的考虑。因为经济因素也是社会主义和民族主义两个概念之下必然所蕴含的重要组成部分，即通过经济上的社会协作以实现共同体内成员之间的平等，以及实现共同体经济的发展。同样重要的是，对于黑勒来说，民族并非是种族意义上的（他本人正是犹太裔德国人），而是在一定地

① 〔德〕赫尔曼·黑勒：《国家学的危机；社会主义与民族》，刘刚译，第 44 页。
② Hermann Heller, *Staatslehre*, G. Niemeyer, ed., Leiden：Sijthoff, 1970, S. 69. 转引自〔英〕克里斯·桑希尔《德国政治哲学：法的形而上学》，陈江进译，第 443 页。
③ 〔德〕赫尔曼·黑勒：《国家学的危机；社会主义与民族》，刘刚译，第 93 页。

域内共享文化和共同生活的人的共同体，是一个在演化生成中的事物。

最终，他的民族共同体凝聚在不仅符合德国政治思想传统，而且符合两次世界大战之间的民族主义与社会主义思潮的"德意志社会主义"① 这个范畴之上。这就是他的"社会法治国"的含义，而这个"社会法治国"也正是他所主张的以补充实定法律规范系统的"实质性内容"。

四 "普鲁士诉帝国"

1922～1933 年，德国国家法教师联合会组织召开了七次会议，期间他们围绕在以凯尔森为首的实证主义法学家和以斯门德为首的反实证主义法学家之间展开论争，黑勒和施米特也参与其中。② 在很多理论问题上，黑勒都支持斯门德和施米特，但是在政治立场上，他毫无疑问地站在凯尔森一边，他所要做的是维护魏玛共和国的存续。其实黑勒在 1928 年赴意大利考察新兴的法西斯主义运动回国后，便认识到这股新兴思潮的危险性，并将自己的工作重点从对凯尔森的纯粹法学派的批判转移到在理论上捍卫魏玛共和国上来。正是黑勒的这个工作重心上的转变，使他和施米特的分歧得以突显。③ 我们通过比较

① "德意志社会主义，也就是与德意志的文化和经济的空间－精神特质相适应的社会主义。"〔德〕赫尔曼·黑勒：《国家学的危机；社会主义与民族》，刘刚译，第 149 页。

② 历次会议详情可参见 Michael Stolleis，*A History of Public Law in Germany*：*1914－1945*，trans. by Thomas Dulap，Oxford and New York：Oxford University Press，2004，pp. 178－194。其实卡尔·施米特在 1934 年出版的《论法学思维的三种模式》中对以凯尔森为代表的实证主义法学的批评和黑勒的视角非常相似。参见〔德〕卡尔·施米特《论法学思维的三种模式》，苏慧婕译，中国法制出版社，2012。

③ 在 1932 年 "普鲁士诉帝国" 案之前，黑勒和施米特的交集仅仅是对凯尔森的实证主义法学的批判，相互之间并没有多少直接的联系，戴岑豪斯的《论法性与正当性》一书刻画了黑勒和施米特之间 "隐匿的" 或 "虚拟的" 对话。参见〔加〕大卫·戴岑豪斯《合法性与正当性：魏玛时代的施米特、凯尔森与海勒》，刘毅译。

黑勒和施米特在理论观点上的不同，可以更好地理解黑勒的相关思想。

1932年，黑勒与施米特在"普鲁士诉帝国"一案中代表控辩双方展开了激烈的论辩。该案的基本情况为：普鲁士邦就中央政府派遣巴本（Franz von Papen）为帝国专员以解散普鲁士邦议会是否违宪而提请宪法法院裁定。在该案中，针对中央政府是否可以干涉普鲁士邦的内部事务，施米特认为作为"宪法守护者"的兴登堡总统为维持政治秩序而行使《魏玛宪法》第48条规定的紧急权，无可非议；但与施米特认为"正当性"来源于主权化身的总统人格这个看法不同，黑勒认为宪法及宪法行为的"正当性"来源于经合法程序表达的作为共同体的社会意志，因此，总统的这种恣意的行为，因为明显缺乏"正当性"而是违宪的。宪法法院最终认定普鲁士邦进入紧急状态，但是总统派遣帝国专员的做法也不合程序。这种模棱两可的判决虽不能改变作为"魏玛民主堡垒"的普鲁士邦议会被消灭的命运，但是黑勒和施米特对该案展开的论辩却在公法学和政治哲学上具有深刻的意义。

不容否认的是，"普鲁士诉帝国"一案中所体现的只是两人在政治立场和由此导致的对宪法规定的解释上的差别，而非对实证主义法学批判上的差别。黑勒和施米特都认为，在凯尔森的实证主义法学理论指导下的"自由法治国"不足以解决当时德国存在的议会民主制危机，所以便从方法论开始并超越了方法论本身地展开了对凯尔森的批判。但是正如黑勒所指出的，当时，魏玛共和国困局的解决方式"只有在法西斯独裁和社会法治国之间做出选择"①，黑勒和施米特在批判完凯尔森之后所要"立"的东西是不同的：黑勒认为要将"实质性内

---

① Hermann Heller, "Rechtsstaat oder Diktatur," *in Gesammelte Schriften*, Bd. Ⅱ, Leiden: Sijthoff, 1971, S. 462.

容"的社会实在重新注入实定法律规范系统，并以"社会实在"这个构成性的人格作为主权和"正当性"的来源；施米特认为政治或者"正当性"的来源是有独立于社会的、超验的本质的，并寄希望于以帝国总统的人格为主权化身来解决"正当性"的问题。① 施米特之所以寄希望于帝国总统这个单一的人格作为"正当性"的来源，是由于他认为社会作为多元的存在，在议会民主制中不能形成"决断"或"具体秩序"；② 黑勒与他不同，黑勒认为在"社会法治国"之下，议会民主制对于容纳和整合社会的多元存在和实现黑勒所说的"多样性的统一性"而言是必需的，也是可能的。

与施米特强调"例外状态"作为政治的固有属性不同，黑勒虽然并不否认例外状态的存在，但是他认为这种规范的例外状态并不能作为规范的基础，并批评施米特错误地把例外状态当作常态。③

与施米特相同的是，黑勒也认为国家作为一个"有机统一体"，需要一定程度的社会同质性。但与施米特不同的是，黑勒认为这种社会同质性不应该从种族层面上来界定，也不应该以"敌我划分"来界

---

① 施米特在论证了各个学说将宪法法院、议会等不同的机构作为宪法守护者的不足之后，赤裸裸地宣称："帝国总统应该被视为此一合宪性（正当性）整体秩序的守护者。"〔德〕卡尔·施米特：《宪法的守护者》，李君韬、苏慧婕译，商务印书馆，2008，第178页。

② 曾经求学于施米特的美国学者乔治·施瓦布（George D. Schwab）指出："施米特从对凯尔森的纯粹规范主义的驳斥中引申出决断主义的含义。施米特论证说：规范就其本身而言是不充分的，只有进行决断和解释才能成为现实的东西。决断不仅是规范纯粹的精神体现和运用，而且有其自身独特的功能。"〔美〕乔治·施瓦布：《例外的挑战：卡尔·施米特的政治思想导论（1921～1936年）》，李培建译，上海人民出版社，2011，第60页。但是施米特在《论法学思维的三种模式》中又对他早期的决断学说进行了修正或发展，成为"具体秩序学说"。具体参见〔德〕卡尔·施米特《论法学思维的三种模式》，苏慧婕译。对于施米特从早期的新康德主义法学到魏玛"决断论"再到纳粹时期的"具体秩序"的发展线索，可以参见〔英〕克里斯·桑希尔《德国政治哲学：法的形而上学》，陈江进译，第452～470页。

③ Hermann Heller, "Autoritärer Liberalismus"? in *Gesammelte Schriften*, Bd. II, Tübingen: J. C. B. Mohr, 1992, SS. 643–653, S. 647. 参见钱芳桦《法规范的三个社会基础：论 Hermann Heller 的法概念论》，《中原财经法学》（台湾桃园）第15期，2005年12月，第35页。

定,而是应以一种受到文化作用影响的统一性的演进变化之过程——并且在这个过程中依然保持多样性于统一性之中——来界定。

就此,我们可以发现两人对魏玛共和国的危机采取了不同的解决方式:施米特的想法其实是类似于"德意志第二帝国"时期的公法学家们所希望,的将皇帝的人格作为"正当性"的来源以确立政治秩序的君主制理想,只是施米特用总统的人格替换了原先皇帝的人格,推崇一种总统制的威权政体;与施米特相反,黑勒认为克服当时危机的方式并非退回到前魏玛时期,而是要通过将作为真正的"正当性"来源的社会实在注入实定法律规范系统,实现"合法性"与"正当性"以及"实然"与"应然"的真正统一,并以魏玛共和国"自由法治国"的建制为基础,将其扬弃为"社会法治国"。

五　小结

黑勒的需要"实质性内容"的公法学思想和以此为基础的"社会法治国"概念不仅充分显示了贯穿于德国近现代公法学思想中的诸多矛盾,而且也充分显示了贯穿于整个政治哲学领域的诸多矛盾之间的张力,诸如"是"与"应当"、国家与社会、政治与法律、"事实"与"规范"、"正当性"与"合法性"等。

虽然因犹太血统和社会民主党党员身份而流亡西班牙的黑勒的自然生命在1933年和魏玛共和国一起走到了终点,但第二次世界大战后联邦德国的《基本法》正是建立在黑勒的"社会法治国"的理念之上的①——《基本法》汲取了魏玛宪政失败的教训,更倾向于维护议会

---

① 就此可以参见〔德〕英格沃·埃布森《德国〈基本法〉中的社会国家原则》,喻文光译,《法学家》2012年第1期,第168页。

民主制度的价值导向。然而关于实证主义法学的争论仍然没有停息，特别是第二次世界大战后古斯塔夫·拉德布鲁赫的新自然法转向，20世纪五六十年代在英美法学界哈特与富勒就法律与道德的关系之争，以及后来对卡尔·施米特研究热潮的再度兴起，这一切都说明了黑勒当年所面对的问题依然存在。黑勒的公法学思想通过其学生沃尔夫冈·阿本德罗特（Wolfgang Abendroth）影响了尤尔根·哈贝马斯。

第六章
克服现代性－虚无主义的一种尝试：
卡尔·洛维特

一　卡尔·洛维特简介

德国哲学家卡尔·洛维特（Karl Löwith，1897～1973，中文中也译为洛维茨）出生在慕尼黑一个改宗新教的犹太人家庭，父亲是一位富有的艺术家和艺术品商人。洛维特早年深受尼采和德国青年运动的影响，在第一次世界大战爆发后，毅然参军，后负伤被俘。1919年，他在慕尼黑聆听了马克斯·韦伯"以学术为志业"的讲座，并受托马斯·曼《一位非政治人物的反思》一书的影响，决心投身学术事业。后因慕尼黑的政治局势比较动荡，他转学弗莱堡大学，跟随胡塞尔学习，在1923年以《论尼采的自我解释和对尼采的解释》获得博士学位。像当时很多德国年轻的学者一样，洛维特也被海德格尔深深吸引，并于1928年在海德格尔指导下完成了关于"主体间性"问题的题为《人的共在中个体的角色》的就职论文，开始在马尔堡大学任教。因为犹太人的身份，洛维特的学术生涯并非一帆风顺。他在

1934 年离开德国去意大利做客座教授，后因意大利的局势也开始恶化，他在 1936 年到日本任教，并于 1941 年在珍珠港事件前往美国任教，最终在伽达默尔的帮助下于 1952 年回到海德堡大学任教，直至退休。

虽然洛维特学术黄金期的十几年都是在颠沛流离中度过的，但是他在这个时期仍然完成了多部非常有影响力的学术著作（虽然这其中有部分著作是他为离开纳粹德国在其他国家获得教职所做的努力）。毫无疑问，洛维特是 20 世纪最为多产且最为深刻的德国哲学家之一，但也是其中最不受人关注的一位。洛维特一生的著述涉及主题极为广泛，在此仅将考察线索限于他对现代性－虚无主义问题的思考上。因为现代性－虚无主义问题是近现代德国政治思想中最为深层次的问题，而洛维特对该问题的思考不仅具有代表性，而且也具有深刻性。我们正是通过他对该问题的思考，才可能"管窥"整个问题在德国政治思想史中的"全貌"。

二　尼采：现代性－虚无主义问题的预言者与开启者

在第一次世界大战战败后德国的衰败气氛中，尤其是严重的政治经济危机导致了洛维特父亲的破产，使得洛维特直接体验到物质上的贫乏和精神生活－日常伦理的崩溃，进而促使他开始直面现代性－虚无主义问题。

现代性－虚无主义问题即是在现代性社会中，社会失去了原有的坚实基础（当然这个基础或许本身就是虚构、建构出来的）。虚无主义（Nihilism）源于拉丁词汇 *nihil*，意思即为"无"或"没有"。经历了启蒙运动、宗教改革和文艺复兴的现代欧洲人，放弃了原本构成本体论基础的古希腊的宇宙论（逻各斯，Logos）和基督教的神学理论（上帝，God），形成了基于（人的）理性的理论。但是这种启蒙时代关于（人的）理性的自信心并没有持续多久，在后启蒙时代，"启蒙理性" 被贬斥到只局限在 "工具理性" 的层面上，当人们对于 "价值理性" 开始心生疑虑的时候，虚无主义作为极端相对主义－怀疑论的产物应运而生。我们可以认识到，对前现代的人而言，的确是难以设想虚无主义问题。因此，我们将现代社会才有的虚无主义问题称为现代性－虚无主义问题。简言之，虚无主义即是从本体论基础上被剥离，到伦理学上价值或意义的丧失：旧的业已崩溃，新的还未到来。虽然现代性－虚无主义问题在其他欧洲国家早已以文学或者艺术的形式现出端倪，但是根据本书总论部分的讨论可以看出，现代性－虚无主义问题在德国政治思想传统的土壤中获得了最为充分的发展，并在后期彻底激进化，走向对西方式现代文明的完全对抗。不过对于洛维特以及和他同时代的德国智识界来说，现实问题只是哲学问题的实现或结果，因此考察现代性－虚无主义问题就必然要指向对其背后整个哲学史传统的考察。

早在写于 1932 年的《马克斯·韦伯与卡尔·马克思》这本小册子中，洛维特通过对韦伯和马克思这两位现代－资本主义社会的批判者的对堪，来尝试接近现代性－虚无主义问题。他之所以选择韦伯和马克思，是因为他们两人所考察的领域都指向 "一个在现代经济和社会中的 '资本主义' 组织"[①]。洛维特如是刻画此项研究的目的："对马克思和韦伯的科学考察的非常明确的主题乃是 '资本主义'，然而

---

① Karl Löwith, *Max Weber and Karl Marx*, ed. by Tom Bottomore and William Outhwaite, Oxford: Routledge, 1993, p. 42.

这项研究的动机则是人——他们不确定的本性是被'资本主义'这个词汇所刻画的——在当代人类世界中的命运问题。这个蕴含在资本主义问题中的问题，是关涉当代人类世界的，并反过来蕴含着在资本主义世界之中人之为人的条件，即何者构成了在这样一个世界里人的人性的一个明确定义。"① 洛维特分析，对于资本主义文明化所带来的负面效应，马克思是通过"异化"的概念，而韦伯是通过"理性化"的概念来进行诊断的：马克思对此是乐观的，即他希望通过对"异化"的克服以达致"自由王国"；而韦伯对于"理性化"的"铁笼"则多少有些悲怆感，却同时没有放弃对出现克里斯玛式的人物（Charisma，原指古代的宗教先知，战争英雄，指人们对特殊类型的人的尊敬，这种人具有超凡的品质和个人魅力）来拯救这一切的期望。洛维特认为马克思的普遍世界历史趋势的实现和韦伯的这种个体存在的相对主义并不能解决他所要解决的现代性－虚无主义问题，因为他们都是陷于现代思想中的主体性思考之下来考虑人性，并将"自然－世界"看作是一个与人相异在的——而非构成人性根本的基础的对象。

《马克斯·韦伯与卡尔·马克思》揭示了洛维特当时所关注的主要问题，而他之后的工作正是在整个哲学史（观念史）层面上揭示现代性－虚无主义问题。不容否认的是，这个问题对近现代以来的德国思想界的影响是非常巨大的，诸如对叔本华、尼采、海德格尔、洛维特和施特劳斯等都有恒久的影响。在面对这个问题的时候，上述后三者都认为是西方哲学传统的发展出现了问题。他们试图通过对这个传统在现代意义上的转折或断裂的批判，复

---

① Karl Löwith, *Max Weber and Karl Marx*, ed. by Tom Bottomore and William Outhwaite, Oxford: Routledge, 1993, p. 43.

归到希腊－罗马（或犹太）的思想中去寻求"存在"、"自然"或者"自然权利"，来矫正现代性－虚无主义问题。不过他们并没有设想到，是否是近现代德国自身存在的问题才导致其无法安适于现代社会。①

洛维特将现代性－虚无主义问题研究的焦点主要放在了尼采身上。对于洛维特来说，尼采乃是最为重要的思想家之一，因为正是尼采开启和预见到了虚无主义："需要指出的是，'欧洲虚无主义'只有在一个德国人，即尼采那里才被认为是一个真正的哲学主题，而它也只有在德国才有能力变得如此活跃。"②洛维特指出："他（尼采）预见到了'欧洲虚无主义'的兴起，这种虚无主义认为，在基督教对上帝的信仰以及随之而来的道德的没落之后，'不再有真的东西'，而是'一切都被允许'。"③

洛维特认为，德国哲学传统是在黑格尔和歌德之间的岔路口走向了虚无主义的深渊："在黑格尔按照自己的基督教神学出身把历史理解为'精神的'，并把大自然仅仅看作是理念的'异在'的时候，歌德在大自然自身中看到了理性和理念，并由它出发找到了理解人

---

① 不论是像洛维特和海德格尔一样将虚无主义界定为欧洲现象，还是像施特劳斯一样将虚无主义界定为德国专有（在某种程度上，他将之等同于"德国问题"本身），毫无疑问的是，现代性－虚无主义问题在德国，特别是第一次世界大战后的德国才成为一个严肃的问题。笔者还是非常认同美国哲学家查尔斯·拉莫尔下面的观点，他曾质疑施特劳斯："像许多魏玛知识分子一样，施特劳斯认定尼采与海德格尔的道德非理性主义不是一个地方性的偏差，而是现代哲学的内在命运。（在他脑海中似乎从未有过一丝疑虑的闪念：这不如说是德国特有的、没有能力也没有意愿接受现代自由与民主理想的一种征兆。）"〔美〕查尔斯·拉莫尔：《现代性的教训》，刘擎、应奇译，东方出版社，2010，第76页。

② Karl Löwith, *Martin Heidegger and European Nihilism*, ed. by Richard Wolin, trans. by Gray Steiner, New York: Columbia University Press, 1995, p. 224.

③ 〔德〕卡尔·洛维特：《从黑格尔到尼采》，李秋零译，生活·读书·新知三联书店，2006，第255页。

和历史的一个入口。"① 因此，他指出，尼采的观念实际是自黑格尔以来德国哲学传统一系列衰败的最终结果："经过青年黑格尔学派从黑格尔导向尼采的道路，最清晰地与上帝之死的观念相联系表现出来。"②

在洛维特看来，虚无主义分为两类："一类是被耗空了的存在意志的衰弱征兆，但是另一类也可以是意志的和一个意欲毁灭的力量的第一个信号，即一种是消极的衰弱的，一种是积极的强健的……"③ 尼采无疑是属于后者：他试图通过超人的权力意志"重估一切价值"，从而完成对于虚无主义的自我克服。但是洛维特认为尼采的思想中存在着尼采自身无法调和的两个互相矛盾的方面：一是上帝死了，诞生了为了"重估一切价值"的超人的权力意志；二是一种永恒的轮回，它的开端是上帝之死，它的中间是从上帝之死产生的虚无主义，而它的终端则是对虚无主义的自我克服，成为永恒的复归。④

尼采虽然不能很好地解决自身思想中的矛盾，但是洛维特从尼采的永恒轮回说中获得了一种克服现代性－虚无主义问题的方案。不过按照洛维特的解释，尼采的这种拟制和有些多余的"永恒轮回说"的设想本身已经存在于古希腊的自然观之中："尼采因此不仅怀疑对世界不满意的人（'反对世界的人'）对世界的反对，也怀疑对两者（'人和世界'）的并置。我们自身已经是世界，但这并不是因为我们作为我们周围世界的一部分而存在，或世界只是人类存在的一个决定

---

① 〔德〕卡尔·洛维特：《从黑格尔到尼采》，李秋零译，第 304 页。
② 〔德〕卡尔·洛维特：《从黑格尔到尼采》，李秋零译，第 253 页。
③ Karl Löwith, *Nietzsche's Philosophy of the Eternal Recurrence of the Same*, trans. by J. Harvey Lomax, Oakland: University of California Press, 1997, p. 50.
④ 〔德〕卡尔·洛维特：《从黑格尔到尼采》，李秋零译，第 261 页。

因素，而是因为所有的包含、反对和并置一直被存在着的、物理的世界之包罗万象的存在（它是一个存在和消失与创造和毁灭的永恒轮回）所超越。"①

同时尼采的"超人的权力意志"思想也影响深远。虽然他自己在现实中和俾斯麦的帝国审慎地保持着距离，但这并不妨碍他的哲学成为近现代德国政治现实的反映物和引领者。正如洛维特所说："尼采现在是、也将一直是德国的反理性特质或德国精神的总结。在他与其肆无忌惮的宣扬者们之间虽隔着一道深渊，可是他自己却为他们开了一条路，尽管自己并没走上去。"②

三　海德格尔与纳粹

对海德格尔与纳粹的关系问题的研究层出不穷，略去那些外在的观点，我们需要从海德格尔的周围去了解这个问题。我们并不能指望汉娜·阿伦特对海德格尔那前后不一致的辩解，她对于纳粹的看法本身就十分可疑，③ 雅斯贝尔斯则被认为根本没有读懂海德格尔。④ 如果说法里亚斯（Victor Farias）的《海德格尔与纳粹主义》⑤ 是一本重视背景还原，对海德格尔在哲学与政治的理解上颇有争议的研究性著作，那么，后来理查德·沃林（Richard Wolin）所从事的一系列工作

① Karl Löwith, *Nietzsche's Philosophy of the Eternal Recurrence of the Same*, trans. by J. Harvey Lo-max, p. 189.

② 〔德〕卡尔·洛维特：《纳粹上台前后我的生活回忆》，区立远译，第 10 页。

③ 参见〔美〕理查德·沃林《海德格尔的弟子：阿伦特、勒维特、约纳斯和马尔库塞》，张国清、王大林译，江苏教育出版社，2005，第 31～76 页。

④ 参见〔美〕T. 罗克莫尔《雅斯贝尔斯与海德格尔关于哲学与政治的关系》，金寿铁译，《世界哲学》2013 年第 4 期。

⑤ 〔德〕维克托·法里亚斯：《海德格尔与纳粹主义》，郑永慧、张寿铭、吴绍宜译，时事出版社，2000。

则对这个问题做了系统性的回答。①

　　不过对海德格尔与纳粹的关系问题，人们自然都无法忽视洛维特的观点——法里亚斯和沃林的研究也都受惠于洛维特，因为洛维特对海德格尔的批判是更为内在和连贯的哲学上的批判。当然也因为洛维特曾经是海德格尔身边核心圈子中的人物，他亲历了海德格尔思想的发展和转变。在第二次世界大战结束前，洛维特很少有直接针对海德格尔的批判，毕竟他跟随海德格尔十多年，深受他的影响。但是正是洛维特在第二次世界大战后对海德格尔的一系列批判使得某些问题得以澄清，即海德格尔在后《存在与时间》时期的思想都是他早期在《存在与时间》中所暗含面向的发展。

　　在对海德格尔展开直接批判之前，洛维特在 1935 年（一说 1936年）匿名发表了一篇对卡尔·施米特的批判文章，并在该文章中提及了海德格尔在"政治时刻"的思想转变。在这篇文章中，他认为施米特的政治决断论是通过去除各种决断论的理论来源构成基础中的基督教神学思想（如可以参见施米特对西班牙天主教神学家柯特的解释和研究②），并将自身置于彻底的虚无之上的理论。洛维特认为，施米特这种除自身外不受他物约束的"机缘决定论"类似于海德格尔的"存在决定论"："如果说海德格尔的存在的决定论是一致于卡尔·施米特的政治的'决断论'——将一贯以来的个人本己的此在的'为了整体的存在的能力'替换为一贯以来的个人本己的状态的'整全性'——

---

① 理查德·沃林编著了 *The Heidegger Controversy：A Critical Reader*；*The Heidegger Controversy：A Critical Reader*, Cambridge (M. A.)：The MIT Press, 1993)；《存在的政治：海德格尔的政治思想》，周宪、王志宏译，商务印书馆，2000；《海德格尔的弟子：阿伦特、勒维特、约纳斯和马尔库塞》，张国清、王大林译，江苏教育出版社，2005 和 *Martin Heidegger and European Nihilism*, ed. by Richard Wolin, trans. by Gray Steiner, New York：Columbia University Press, 1995。他对海德格尔的相关问题有较为系统的深入的研究，虽然他的目标是针对深受海德格尔影响的法国哲学家雅克·德里达（Jacques Derrida）。

② 参见〔德〕卡尔·施米特《政治的概念》，刘宗坤等译，上海人民出版社，2004。

则是毫无意外的。在战争的政治紧急状况中，一个人本己的此在的自我主张是一致于政治存在的自我主张的，而'面向死亡的自由'则是一致于'生命的牺牲'。在这两人的例子中，原则是一样的，即'本真性'，也就是去除了所有生活的内容之后所留下来的生活。"① 在洛维特看来，施米特和海德格尔两人的思想都是一种无根的、无所寄托的（rootless）思想，但是当时德国热烈的现实政治（即国家社会主义运动的兴起）给他们提供了自身理论所需要的内容，因此我们也就可以理解他们——至少在纳粹刚上台的时候——为何会热烈地投身其中。

海德格尔深受尼采的影响。海德格尔所希望的是回到古希腊去，以扭转几千年来遮蔽了存在本身面貌的那个主导欧洲的形而上学传统，恢复存在的本身面貌，并以此来克服意义缺失时代里的现代性－虚无主义问题。对于海德格尔而言，虚无主义是"在世的沉沦"，同时也是获得拯救的可能。按照洛维特的理解，海德格尔虽然以"在世之在"的方式试图消除笛卡尔式的两个实体（即人和自然）之间的区分，但是却依旧没有为"此在"找到基础或内容，因此海德格尔需要在一种直面死亡（未来，或绝对的虚无）的时间性和历史的开放性中去寻求可能性或意义，即是走向了上文所说的由尼采开启的虚无主义。②

---

① Karl Löwith, *Martin Heidegger and European Nihilism*, ed. by Richard Wolin, trans. by Gray Steiner, p. 215, 另可参见"The Occasional Decisionism of Carl Schmitt"一文，同上书，第133～169页。（此文冯克利的中文译本收入刘小枫选编《施米特与政治法学》，上海三联书店，2002）。在投身纳粹运动初期，海德格尔自己也发现了和施米特在思想上的相似性，于1933年8月致信施米特，表示在新兴的纳粹运动中要"同舟共济"。

② 依照在这方面深受洛维特影响的哈贝马斯的说法："尽管海德格尔是从一个时间的视域来思考存在，但是他没有就此放弃本体论，而是将历史回溯至历史性的结构中。"Jürgen Habermas, *Philosophical-Political Profiles*, trans. by Frederick G. Lawrence, Cambridge：Polity, 2012, p. 90.

洛维特对 1933 年海德格尔当选弗莱堡大学校长时的致辞《德国大学的自我主张》——这篇文献是在海德格尔与纳粹关系的问题上最为重要也是其最为赤裸裸地表达政治效忠的文献——的评论是十分切中要害的："这篇演说将海德格尔的历史存在的哲学移植到德国局势之内，第一次给他意欲发挥影响力的意志找到了立足的基础，以使得存在范畴形式性的轮廓得到了一个决定性的内容。"① 此即，海德格尔"为了将存在的历史性的本体理论置于现实历史，也就是政治所发生的本体性的土壤之上，将其最为明确的自我的此在转换为'德意志的此在'"②。洛维特指出，《德国大学的自我主张》正是海德格尔之前在《存在与时间》中思想的进一步发展："从整体上说是一个剧烈转变和被唤醒的存在的哲学，它已经成为了政治的。"③ 洛维特的上述观点也得到了海德格尔自己的承认，1936 年在罗马"意大利暨德意志文化中心"讲座后，他对洛维特指出，自己之所以选择支持国家社会主义，原因根植于他的哲学本质："他的'历史性'的概念正是他'投身'于政治的基础。"④ 在洛维特看来，海德格尔的这种基于历史性的思想是黑格尔以来德国哲学衰败的结果："它们不是对永恒的和自我同一的实在的表达，而是对变化着的时代要求的（表达）。"⑤

洛维特将海德格尔称为在贫瘠时代的思想家："在事实上他（海德格尔——笔者注）是在时间的基础上思考存在，作为'在一个贫瘠时代的'一位思想家，他的贫瘠是因为他处在一个双重的匮乏之

---

① 〔德〕卡尔·洛维特：《纳粹上台前后我的生活回忆》，区立远译，第 44 页。

② Karl Löwith, *Martin Heidegger and European Nihilism*, ed. by Richard Wolin, trans. by Gray Steiner, p. 75.

③ Karl Löwith, *Martin Heidegger and European Nihilism*, ed. by Richard Wolin, trans. by Gray Steiner, p. 75.

④ 〔德〕卡尔·洛维特：《纳粹上台前后我的生活回忆》，区立远译，第 72 页。

⑤ 转引自 Jürgen Habermas, *Philosophical-Political Profiles*, trans. by Frederick G. Lawrence, Cambridge：Polity, 2012, p. 90。

下（依照海德格尔对荷尔德林的解释）：'那些消失的神明已经不再存在，而将要到来的那一位还未出现。'"① 当然，我们也可以依照洛维特的这个分析将海德格尔称为是"在虚无主义时代的思想家"。

综上所述，依照洛维特的内在分析，海德格尔作为一位在现代性 – 虚无主义时代的思想家，他投身纳粹运动是自身的思想为了克服现代性 – 虚无主义问题和获得"拯救"的必然要求。当然，海德格尔的选择并非是洛维特的选择。

四　历史与自然

在 1933 年 1 月 8 日致施特劳斯的信中，洛维特已经基本形成了自己对于克服现代性 – 虚无主义问题的初步看法："克服历史主义不可通过任何历史的绝对化和教条的时间性（海德格尔），而应借助自己的历史环境之向前推进的命运，人们正是在这个处境里进行着哲学思辨而一起前进的，并且与非常不自然的文明联袂而行……被还原移译为非在于人的天性，即唯一完全自然的天性的人，并不是自然的人，因此，我使人的天性的规定性先验地附丽于——始终具有历史性的——人性。"② 而在同一封信中，他谈及自己和施特劳斯在观点上的差异："为着眼于未来，绝对的历史的正当性始终应属于当今。然而，您却将恰恰不再是我们的历史的一个历史绝对化，并以绝对的古代取代绝对的基督教……基于一种彻底历史的意识，我却已经完全非历史

---

① Karl Löwith, *Martin Heidegger and European Nihilism*, ed. by Richard Wolin, trans. by Gray Steiner, pp. 38 – 39.
② 〔美〕施特劳斯等：《回归古典政治哲学：施特劳斯通信集》，朱雁冰、何鸿藻译，华夏出版社，2006，第 70 ~ 71 页。

地进行着思考……"①

正如刘小枫所指出的："洛维特觉得，现代性的根本问题在于历史意识取代了自然意识，虚无主义是历史意识的必然结果，克服这一结果，必须让基督教－现代的历史道义意识回复到古代希腊的历史自然意识，恢复'自然的人性'。"② 洛维特克服现代性－虚无主义的方式即是通过对历史哲学的思考以剥离救赎历史与世俗历史的历史意识，回到古希腊人的自然观之中。

在1935年4月15日致施特劳斯的信件中，洛维特指出："您为此提出的解决办法，即彻底批判'现代的'前提，从时代历史上和内容上看，对于我都是遵循着尼采'进步'方向：这就是说，将思考进行到底，一直到现代虚无主义，而我本人既不从这种虚无主义跳进基尔克果悖理的'信仰'，也不跳进尼采同样荒诞的重现说，而是……将这类'彻底的'颠倒从根本上看成错误的和非哲学的，并离开这种毫无节制和绷得过紧的东西，以便有朝一日也许能够以真正古代晚期的方式（斯多阿的－伊壁鸠鲁的－怀疑论的－犬儒的方式）达到现实中可以实践的生活智慧，达到'最切近的事物'而非最遥远的事物……"③

从古希腊人的角度来看，自然是没有历史的——它一直处在进行生成、变化和毁灭的永恒的循环之中，对于人而言，才会有历史，即过去发生的事情。古希腊人的历史观和后来所指向"未来"的，以及要寻求"终极目的"的"历史意识"相比，相距甚远，古希腊人从自

---

① 〔美〕施特劳斯等：《回归古典政治哲学：施特劳斯通信集》，朱雁冰、何鸿藻译，第72页。

② 刘小枫：《中译本导言》，载〔德〕卡尔·洛维特《世界历史与救赎历史：历史哲学的神学前提》，李秋零、田薇译，生活·读书·新知三联书店，2002，第17页。

③ 〔美〕施特劳斯等：《回归古典政治哲学：施特劳斯通信集》，朱雁冰、何鸿藻译，第235页。

然中所理解的仅仅是"命运"。洛维特在《世界历史与救赎历史：历史哲学的神学前提》中运用一种"还原"的方式倒叙欧洲历史哲学的发展，像该书的英文版标题①所指明的那样，洛维特尝试在回溯过往的思想史过程中去寻找"历史中的意义"："无论是异教，还是基督教，都不相信那种现代性的幻想，即历史是一种不断进步的发展，这种发展以逐渐消除的方式解决恶和苦难的问题……认真地追究历史的终极意义，超出了一切认知能力，压得我们喘不过气来；它把我们投入了一种只有希望和信仰才能够填补的真空……（在这个问题上）希腊人比较有节制。他们并没有无理地要求深究世纪历史的终极意义。他们被自然宇宙的可见秩序和美所吸引，生生灭灭的宇宙规律也就是解释历史的典范。"② 但是洛维特指出，后来基督教和现代人彻底地改变了原先古希腊人的自然 – 历史观："从犹太教的预言和基督教的末世论中，教父发展出一种根据创世、道成肉身、审判和解救的超历史事件取向的历史神学；现代人通过把进步意义上的各种神学原则世俗化为一种实现，并运用于不仅对世界历史的统一，而且也对它的进步提出质疑的日益增长的经验认识，构造出一种历史哲学。"③ 不过这种进步论的历史哲学在现代社会却变成了衰退，变成了虚无主义："时间本身在'进步'之中断丧，只有在'永恒'作为存有之真理现身的那些片刻里，'进步'以及'衰败'的时间性图式才会展现为历史性的虚像。"④ 洛维特的结论是："历史问题在历史自身范围内是无法解

---

① 此书英文版为 Karl Löwith, *Meaning in History*, Chicago：The University of Chicago Press, 1949。

② 〔德〕卡尔·洛维特：《世界历史与救赎历史：历史哲学的神学前提》，李秋零、田薇译，第7~8页。

③ 〔德〕卡尔·洛维特：《世界历史与救赎历史：历史哲学的神学前提》，李秋零、田薇译，第25页。

④ 〔德〕卡尔·洛维特：《纳粹上台前后我的生活回忆》，区立远译，第167页。

决的。历史事件自身不包含丝毫关于一种全面的、终极的意义的
指示。"①

因此，洛维特高度赞扬了和尼采同一时代的瑞士历史学家雅各
布·布克哈特，因为正是布克哈特的思想高度契合了洛维特对于这些
问题的思考："布克哈特抛弃了神学的、哲学的和社会主义的历史解
释，并由此把历史的意义还原为纯粹的连续性——没有开端、进步和
终结。他之所以必然过分强调纯粹的连续性，因为这种连续性乃是更
完满地确立意义的可怜剩余。"② 其实早在 1928 年《布克哈特对黑格
尔历史哲学的态度》的就职演说中，洛维特就通过布克哈特接近了希
腊晚期的斯多葛思想。在 1935 年 7 月 13 日致施特劳斯的信中，洛维
特如是提及他对布克哈特的自然 – 人性的赞美："（相比尼采的永恒轮
回说达不到一种自然的道德）为了戒除进步信仰对创世和天意的信仰
的旧习，还有更好的和更适当的方式。例如，布克哈特反复强调说，
人——在道德上和精神上——本来就是完备的。"③

五　小结

洛维特对现代性 – 虚无主义的克服方式，便是回归到古希腊的完
满的自然 – 人性之中，不再像现代人一样意欲或追求终极的目的或意
义。这至少部分地解释了他和现实政治之间拉开距离的原因。

在《布克哈特，在历史中间的人》中，洛维特如是评价布克哈

---

① 〔德〕卡尔·洛维特：《世界历史与救赎历史：历史哲学的神学前提》，李秋零、田薇译，
第 229 页。

② 〔德〕卡尔·洛维特：《世界历史与救赎历史：历史哲学的神学前提》，李秋零、田薇译，
第 230 页。

③ 〔美〕施特劳斯等：《回归古典政治哲学：施特劳斯通信集》，朱雁冰、何鸿藻译，第 250
页。

特:"文化是不受宗教约束的和不关心政治的人(在躲避国家和无能的宗教期间)的主要世界。关心文化是他们不关心政治的结果。这些人不能够,也不愿意参与政治事件,他们的自由是以退出在国家中的不自由生活为前提的。"① 在 1951 年的另一个评论中,洛维特则有些内心剖白似地说:"一个知晓历史命运的人(如布克哈特)有勇气'离开他的同时代人而进入开敞坦荡的境界'……但在今天的学者中有谁能不含糊地赞同布克哈特的信念:历史和哲学'以及其他几个好东西'因为可以作为避难的知识而属于'世俗的洪水'达不到的'几个稀少而干燥的山崖'。"②

正如法国存在主义哲学家让-保罗·萨特(Jean-Paul Sartre)所说的,不选择本身就是一种选择。卡尔·洛维特对现实政治的不参与本身就是一种参与。他的这种固守象牙塔并将被认为是洪水猛兽般的现代性-虚无主义拒之门外的思想,的确让他免于像海德格尔一样投身到纳粹运动中去,并对现实问题保持一分有距离感的冷静。但同时,洛维特的这种表现又显现德国学者在现实中失意时所表现出来的"非政治的"或"退回内心城堡的"典型特征,而且他对现代性-虚无主义问题的理解和解决方式又都是在典型的德国思想传统语境内——通过借助和批判尼采与海德格尔——实现的。这虽然是内在的,但又多少是有些无力的。不过我们在最后还是不禁要问,又有多少人能够像他这样在这个不会回头的已然现代化的社会中安然复归于古希腊的自然-人性思想呢?

---

① 〔德〕卡尔·洛维特:《雅各布·布克哈特》,楚人译,商务印书馆,2013,第170页。
② 〔德〕卡尔·洛维特:《雅各布·布克哈特》,楚人译,第309~311页。

第七章
余论：“宪政爱国主义”足够了吗？

一 第二次世界大战后德国的情况

第二次世界大战结束后，在西方国家控制下的德国大部分地区，德国人对他们之前的政治思想进行了自我反思并接受了同盟国发起的“去纳粹化”和“再教育”。同时，“德意志文化”在经历过纳粹全面的“野蛮化”和第二次世界大战后西方国家在社会经济、生活、文化上全面的“美国化”之后，也已经奄奄一息。[①] 具体一些来看，就像美国学者乔治·斯坦纳（Greorge Steiner）在1959年所观察到的：“死掉的是德语。翻看日报、杂志，翻开对新近上市的各种畅销书和学术专著的评论，去看一场新的德剧，或者听一听收音机里或联邦议院里

[①] 但是根据社会学家拉尔夫·达仁道夫引起争议的，有一定合理性的观点，如果不经过纳粹对消除之前德国社会的多元分立和前现代因素的一体化进程（Gleichschaltung），战后联邦德国进入现代社会的进程就不会这么彻底和成功。参见〔德〕拉尔夫·达仁道夫《现代社会冲突》，林荣远译，中国社会科学出版社，2000，第94页。关于一体化进程的分析，也可以对照本书在第一章第三节所提及的关于卢曼所认为的，现代社会中的政治在“水平”和“垂直”方向上获得了一种发展。

说的话语，你会发现，这不再是歌德、海涅还有尼采他们使用的德语。甚至不是托马斯·曼的语言。"①

上文分论四章所论及的四位魏玛共和国时期的知识分子及他们的政治思想，在新的环境下也有着非常不同的境遇。

弗里德里希·梅尼克成为了"德国历史学派"这个传统的最后一位大师。这是因为在新的历史条件下，面对其他新兴历史学家们——特别是一些在纳粹时期流亡英美并在英美接受教育的德裔历史学家，以及在第二次世界大战后才开始接受学术训练的青年历史学家——的挑战，作为上一个时代宠儿的"德国历史学派"必然地走向了没落。但是梅尼克在第二次世界大战后的德国依然作为与"坏的德国"相对立的"好的德国"为数不多的德高望重的代表发挥着自己的积极影响，他还参与了在美国资助下柏林自由大学的创立，并担任该校的名誉校长。后来在他的主张下，志在弘扬德国文化中优秀成分的歌德学院（Geothe Institut）也于1951年在慕尼黑成立。德意志作为文化国家的这个主张依然潜藏在联邦德国时期很多保守派知识分子的内心深处，并像我们后面将要看到的一样，当时机成熟时，这个主张依旧会浮出水面。正如后来梅尼克所远离的权力国家这个观念，它在德国或许再也不会成为问题的中心，而且每当这个问题被人提起时，总是会引起自由派知识分子的警觉。此外，梅尼克将纳粹现象归之于欧洲问题，进而否定了它特殊德国根源的"相对化""一般化"处置，对20世纪80年代的第二次"历史学家论战"也造成了负面的影响。② 其实"好的德国"与"坏的德国"之间这个区分本身多少就有些模糊或暧

---

① 〔美〕乔治·斯坦纳：《语言与沉默：论语言、文学与非人道》，李小均译，上海人民出版社，2013，第110页。

② 所谓第二次"历史学家论战"是指在20世纪80年代，即纳粹战败30周年之际，新一辈的联邦德国历史学家们对经历过纳粹德国的老一辈历史学家的调查研究，（转下页注）

昧不清的，正如上文所写的，支持这个区分的梅尼克在政治立场上也
是多少有些模糊或暧昧不清的——与纳粹划清界限，并非代表自身就
是完全正确的，因为这个问题并不是一个只有白色或黑色而没有中间
灰色地带的问题。

　　同盟国最终击败了纳粹德国，并在联邦德国建立起了健全的民
主制度，但是正如上文所述，"德意志文化"在经历过纳粹的"野
蛮化"和第二次世界大战后西方国家在社会、经济、生活文化上的
"美国化"之后，并没有如托马斯·曼所设想的那样自然而然地走向
欣欣向荣。他所代表的德国上层市民阶级的高雅文化连同整个德国
上层市民阶级一起，在这个现代大众化崛起的时代成为了明日黄花。
我们不得不承认，昔日德国上层市民阶级的高雅文化或许和之前那
个非民主的传统有着密切的正相关关系。托马斯·曼本人也最终客
死瑞士。在他身后，年轻一辈的德国文人们依旧保持着或努力维续
着一种对公共事务发表独立见解的"文人传统"[1]，而且左右两派知
识分子都利用对托马斯·曼不同时期思想的不同解释来支持各自的
主张。

　　赫尔曼·黑勒在1933年便英年早逝于西班牙，他没能看到第二次
世界大战后联邦德国的《基本法》正是参照了他的"社会法治国"理

　　（接上页注②）试图证明他们在政治上的污点，进而对他们的历史理论进行攻击。后来这场论
战的争论点变为对纳粹德国的"普遍现象"还是"特殊现象"的争论。另有一种说法是
保守派历史学家为科尔政府造势，试图将联邦德国政治生活"正常化"，从而引起自由派
知识分子的反击。关于"历史学家论战"的具体情况，参见景祥祥《关于联邦德国第一代
史学家的争论》，《史学理论研究》2004年第1期；〔德〕尤尔根·哈贝马斯等《希特勒，
永不消散的阴云?：德国历史学家之争》，逄之、崔博等译，生活·读书·新知三联书店，
2014。

[1]　关于所谓的德国"文人传统"，可以参见 Fritz K. Ringer, *The Decline of the German Manda-rins: The German Academic Community, 1890-1933*, Middletown (CT.): Wesleyan University Press, 1990。

念,而他当年和凯尔森在法学理论上的争论在经历过纳粹德国以及纽伦堡审判之后也对英美法学界造成了很大的影响。当年他的庭辩对手卡尔·施米特在第二次世界大战后因为和纳粹政权的关系而被禁止授课,不过施米特依然在幕后通过他的追随者们对学术领域和政治领域发挥着重要的影响。特别是在 20 世纪 80 年代过世之后,他的思想再一次成为学术研究的热点。关于"德国法治国"问题的讨论依旧是相关研究领域和政治 – 司法实践中的焦点问题所在。但是最为重要的是,黑勒的公法学思想通过他的学生阿本德罗特影响了他的再传学生哈贝马斯。

卡尔·洛维特从 1934 年离开德国起在外漂泊了十多年,第二次世界大战结束后在他的老朋友伽达默尔的邀请下回到了海德堡大学,并在此作为一位哲学教授平静地度过了余生。在如破闸而开的洪水般的现代大众社会中,像他这样回归一种斯多葛式的"不动心",只能是一种对他而言的个体选择,毕竟像布克哈特一样的人物本来就是少数。在第二次世界大战后,对现代社会的哲学视角则从现代性 – 虚无主义问题转移到所谓的后现代理论。不论拒斥与否,德国乃至世界都已经不可逆转地朝着现代社会飞奔而去。虽然列奥·施特劳斯及其学派仍然在做挣扎,不过现代性 – 虚无主义问题在一个朝向更为现代的,而非回到过去的面向上继续展开。

比他们几位年轻一些的新一代德国知识分子在第二次世界大战后开始登上学术舞台,他们对相关问题的关注角度和研究方法等都发生了极大的变化。但同时他们也不得不接受纳粹德国时代的历史包袱,并批判性地接受了他们之前的政治思想传统。因为近现代德国历史和近现代德国政治思想传统并不仅仅是这些新一代知识分子所要面对的,而且也是整个联邦德国政治生活重建所不得不面对的一个出发点。

二 "宪政爱国主义"的早期版本与"自卫型民主"

在后纳粹的和由于"两德分立"所导致的后民族格局的联邦德国，"政治正确的"知识分子们的思考一直是围绕在这种情况下如何为联邦德国重新寻求"正当性"的基础这个问题上——因为德国的战败、战争中所犯下的罪行以及"两德分立"所导致的主权不完整，这个基础已经不能建立在原先存在的民族或文化等传统的范畴之上了。只有寻求与这种传统相断裂的以及与西方国家相一致的认同来构成联邦德国"正当性"的基础，才是唯一可欲的方案，所以正像尤尔根·哈贝马斯所说的："不幸的是，对德国人的文化国家而言，对普遍主义的宪政原则的联结是扎根于只有在奥斯维辛之后，或者说经历过奥斯维辛才能形成的信念之上。"[①]

战败的罪责和结果，对于德国人来说不仅是一种不幸，同时也是一次契机，按照美国学者扬－维尔纳·米勒的说法："恰恰是德国，以有些辩证的方式经由大屠杀而得到政治净化的德国，最有可能作为一个后民族的、多文化的'国家－民族'而出现。"[②] 正是在这种情况下，德国人为了与自己之前的政治思想传统做出彻底的分离，"宪政爱国主义"（Constitutional Patriotism, Verfassungspatriotismus，也译作"立宪爱国主义"或"宪法爱国主义"）应运而生。这个说法最早是由卡尔·雅斯贝尔斯的学生多尔夫·施特恩贝格尔

---

① Jürgen Habermas, *The New Conservatism: Cultural Criticism and the Historians' Debate*, ed. and trans. by Shierry Weber Nicholsen, Introduction by Richard Wolin, Cambridge: Polity, 1989, p. 227.

② 〔美〕扬－维尔纳·米勒:《另一个国度：德国知识分子、两德统一及民族认同》，马俊、谢青译，新星出版社，2008，第124页。

（Dolf Sternberger）提出来的。根据扬－维尔纳·米勒的考察："早在1959 年，斯特恩贝格尔就曾经想到过'宪法国家中的爱国情操'；在 20 世纪 60 年代早期，他又发展了 Staatsfreundschaft（意思是与同或者更准确地说是对国家的友谊）；1970 年，Verfassungspatriotismus 一词首次亮相。"①

对于斯特恩贝格尔而言，卡尔·雅斯贝尔斯和汉娜·阿伦特的共和主义思想是他发展出"宪政爱国主义"的线索之一，即他试图在他们的指引下从亚里士多德以来的欧洲政治思想（特别是共和主义传统）中挖掘出一条前民族主义的爱国主义传统——一种用共同体的公民认同来取代后来在民族国家时代所形成的民族认同的形式。斯特恩贝格尔认为，是几个世纪以来的民族主义运动——特别是在拿破仑战争之后到第二次世界大战这一个半世纪时间的德国——扭曲了原本对于共同体的公民爱国主义传统，因此为克服民族主义的问题，就必须依靠"宪政爱国主义"，因为"宪政爱国主义被理解为一种朝向前民族爱国主义的回归"②。

但是除了古已有之的欧洲公民爱国主义传统外，美国则是"宪政爱国主义"的另一个参照——在大洋彼岸的一个现实中的参照。这是有鉴于美国作为一个以移民为主的民主制国家和第二次世界大战后世界上最为强大的国家，使得德国人不得不思考美国的经验，即如扬－维尔纳·米勒所指出的："美国的'信条'总是被宪政爱国主义的支持者们视为默认的参考。"③ 所以，"宪政爱国主义"并非简单的恢复

---

① 〔美〕扬－维尔纳·米勒：《宪政爱国主义》，邓晓菁译，商务印书馆，2012，第 21 页。有学者指出，斯特恩贝格尔的"宪政爱国主义"一文应该是作为德国下萨克森州的政治教育中心的政治教育系列材料的一种而出版的，参见童世骏《批判与实践：论哈贝马斯的批判理论》，生活·读书·新知三联书店，2007，第 207 页。

② 〔美〕扬－维尔纳·米勒：《宪政爱国主义》，邓晓菁译，第 22 页。

③ 〔美〕扬－维尔纳·米勒：《宪政爱国主义》，邓晓菁译，第 6 页。

亚里士多德式的公民爱国主义的复古之情，而是要将这种爱国主义落实到一套现代自由民主制度及相关的文化之中（这套制度及文化正是德国人所一直缺失的，或者更为准确地说，这套制度及文化在德国一直没有很好地得到生根发芽和良性成长）："正如这一概念的始作俑者以及本文所理解的那样，旨在提出这样一种理念，即政治忠诚应当被纳入到一套自由民主宪政的规范、价值以及——更间接而言——程序当中。"①

在德国的背景下，"宪政爱国主义"的早期版本带有很强的可以称之为"记忆"和"战斗性"的意味。卡尔·施米特的"敌我划分"问题像幽灵似地再度出现——不过是以另一种形式，一种相对良性的形式。"宪政爱国主义"不得不和"自卫型民主"这个说法联系在一起，共同构成了联邦德国早期政治实践的指导性原则。其实早在 1938 年，流亡美国的德国政治学家卡尔·罗文斯坦（Karl Loewenstein）鉴于魏玛共和国无力保卫自己，任凭左右两派的极端分子肆虐，最终导致希特勒上台而提出了"战斗型民主"（Militant Democracy，也译为自卫型民主，或防御型民主）这个说法。②"自卫型民主"的意思即用非民主的手段维护民主制度，亦即打击民主之敌保护民主之友。按照扬－维尔纳·米勒的分析："记忆，在这里主要指对大屠杀和纳粹历史的自我批判式的回顾；战斗性，在另一方面，则是针对民主的敌人，主要通过诸如禁止政治党派和限制言论自由等司法手段来体现。换句话说，一个战斗型的民主对于其自身的原则和价值显然绝非中立，它要将那些有敌意的（或被认为有敌意的）事物

① 〔美〕扬－维尔纳·米勒：《宪政爱国主义》，邓晓菁译，第 1~2 页。
② Karl Loewenstein, "Militant Democracy and Fundamental Right I," in *American Political Science Review* 31 (1931), pp. 417–432，转引自〔美〕扬－维尔纳·米勒《宪政爱国主义》，邓晓菁译，第 23 页。

置于严格的控制之下。"① 在第二次世界大战后,联邦德国为了防止魏玛共和国时代政治上极端的反制度政党——所谓在民主制度内以颠覆民主制度为主要目的的政党,诸如魏玛共和国时期的纳粹党和德国共产党等政党——对民主制度的颠覆再次发生,在法律上和实践上全面地完善了"自卫型民主"的概念。按照国内宪政学者张千帆对联邦德国《基本法》的分析:"对现代民主政治而言,结社和组党自由确实是必不可少之保障,但为了保护民主自身的生存,防止在根本上反民主的政治组织滥用民主权利来颠覆民主的历史悲剧之重演,《基本法》允许政府去禁止某些极端政党的组织活动。"② 在 20 世纪 50 年代,联邦德国宪法法院做出判决,先后取缔了右翼政党社会帝国党和左翼政党德国共产党,③ 并在六十年代以后与左翼激进派学生运动(后来演化为恐怖组织)展开斗争。

但是"自卫型民主"以非民主的手段打击敌人捍卫自身的做法本身就存在着原则上的争议,人们不禁要质问,这种基于非民主手段的"自卫型民主"和纳粹法西斯的做法不是只有一纸之隔吗?幸好联邦德国政府在具体政治中并不缺乏"审慎"的实践智慧,它们运用"自卫型民主"成功地维护了民主制度,并得以培育"宪政爱国主义"。

三 哈贝马斯的"宪政爱国主义"

联邦德国在 20 世纪后半叶几十年的存在过程中并非一帆风顺,但是经过了诸多的考验,还是朝着一个稳定的议会民主制国家发展,并积极主导和投身于欧洲一体化进程。西方国家认为联邦德国已经"归

---

① 〔美〕扬 - 维尔纳·米勒:《宪政爱国主义》,邓晓菁译,第 10~11 页。
② 张千帆:《法国与德国宪政》,法律出版社,2011,第 154 页。
③ 张千帆:《法国与德国宪政》,第 277~281 页。

队”。在这个时期，“宪政爱国主义”的说法也较少引起争议。但是面对接下来的 1989 年到 1990 年一系列政治事件——包括柏林墙倒塌、“两德统一”、苏联解体和东欧社会主义阵营崩溃，以及统一后的德国迁都柏林①，加上欧盟一体化进程等新情况——“宪政爱国主义”这个概念是否可以成为普遍性的人类社会原则，就需要像哈贝马斯这样的著名哲学家站出来进行论证了。

哈贝马斯为了在第二次“历史学家论战”中和在联邦德国开始逐渐抬头的右翼保守派进行论战，从 20 世纪 80 年代后期开始接过斯特恩贝格尔的“宪政爱国主义”的旗帜。哈贝马斯希望德国人可以从寻求同质性的民族国家观念中脱离出来，捍卫和拓展“宪政爱国主义”。

哈贝马斯一直都在对其所继受的德国思想传统进行批判、反思和重构。在他看来，这传统自 19 世纪以来的发展是偏颇和成问题的："这段历史所呈现给我们的是康德而不是莫泽·门德尔松，是诺瓦利斯而不是海涅，是没有马克思的黑格尔，是没有弗洛伊德的荣格，是没有卡西尔的海德格尔，是没有赫尔曼·黑勒的卡尔·施米特；它留给我们的是没有维也纳学派或法兰克福学派的哲学，是没有法律实证主义的法学，是没有心理分析的心理学；它是合并了雅各布·鲍曼、哈曼、巴德尔、谢林和尼采，建立起了一个傀儡戏般、反西方的和'德国的'哲学。"②他对这传统的态度也是非常坚决："1945 年之后，我们中断了与我们的灰暗传统——卢卡奇称之为'理性的毁灭'传统——的联系；让我们把莱辛、康德、弗洛伊德、卡夫卡以及布莱希特所开创的优秀传统坚持下

---

① 关于柏林这座城市在近现代德国史上政治意义的重要性，可以参见 Chris Thornhill, "Berlin: The Untrusted Centre of the Law," in Andreas Philippopoulos-Mihalopoulos (ed.), *The Law and the City*, Oxford: Routledge-Cavendish Press, 2007.

② Jürgen Habermas, *A Berlin Republic: Writings on Germany*, trans. by Steven Rendall, Cambridge: Polity, 1998, pp. 11 – 12.

去，而不要再回到克拉格斯、晚期海德格尔以及卡尔·施米特那里去，更不能回到俾斯麦帝国的精神传统上去。"①

在80年代中叶，保守派知识分子为科尔政府造势，在第二次世界大战结束三十周年时与自由派知识分子爆发了第二次"历史学家论战"。在这场论战中，保守派采取的正是梅尼克在《德国的浩劫》中所用的方式，即将纳粹罪行"相对化""普遍化"，以期实现联邦德国政治生活的"正常化"。哈贝马斯敏锐地觉察到保守派背后的现实政治意义，他不无反讽地说："在经历了文明的断裂——联邦德国恰恰是从这种断裂中诞生的——之后，局势变得如此不寻常，以至于只有痛苦地避免谈论乔装打扮的'正常性'意识，才能使这个国度出现正常的局面。"② 根据克里斯·桑希尔的观察："暗含在（哈贝马斯）这些观察中的论点是，德国历史主义在19世纪对阻碍一个真正的政治社会的形成负有部分责任——它不应该再以现代的伪装继续从事同样的事情。在这方面，哈贝马斯在20世纪80年代对政治争论的介入，尽管是被特定议题所驱动，但这些介入是哈贝马斯对德国民族共同体的虚构以及对使用该虚构以阻碍激进自由主义政治形式的长期抵制的一部分。"③

不过深受欧洲启蒙运动观念的影响，并对其保持乐观态度的哈贝马斯并没有将视野仅仅局限于解决第二次世界大战后的和再度统一后的德国本身的问题，他所尝试的是将"宪政爱国主义"从第二次世界大战后联邦德国的适用语境中普遍化，使其适用于欧洲一体化问题，

---

① 〔德〕尤尔根·哈贝马斯：《现代性的地平线——哈贝马斯访谈录》，包亚明编，李安东、段怀清译，严锋校，上海人民出版社，1997，第3页。

② 〔德〕尤尔根·哈贝马斯、〔德〕米夏埃尔·哈勒：《作为未来的过去——与著名哲学家哈贝马斯对话》，章国锋译，浙江人民出版社，2001，第26页。

③ Chris Thornhill, *Political Theory in Modern Germany：An Introduction*, Cambridge：Polity, 2000, p. 169.

乃至全球化问题。因此,哈贝马斯在斯特恩贝格尔的"宪政爱国主义"早期版本的基础上发展和深化了"宪政爱国主义"。按照美国学者扬-维尔纳·米勒所比较的:"斯特恩贝格尔的爱国主义将重心放在那些值得保卫的民主制度之上,哈贝马斯则关注(公共领域),为公民提供一个公共理性的空间。在(公共领域)内,公民认识到彼此之间自由平等,他们加入民主的学习的过程,将彼此的诉求置于他们以爱国情愫所支持的普世主义原则下。"①

对哈贝马斯来说,特定的传统和集体认同等问题需要重新加以审视:"在公认的普遍原则的名义下,要求公民在一些特定的传统和集体认同问题上做出批判性的反应。这也就意味着他们必须反思性地接受或者拒绝那些他们所面对的特殊民族传统。"② 哈贝马斯虽然承认这些特定传统和集体认同在历史上对民族国家的形成有其积极的作用,但是德国的灾难正是因为对它并未加以足够的反思,而且它现在已经不敷使用。哈贝马斯指出:"它(集体认同——作者注)与民主过程无关,具有先在特征。把由公民组成的民族——不同于由民众组成的民族——统一起来,不是什么现成的东西,而是主体间可能达成的沟通。"③

在哈贝马斯看来,传统上关于国家的参照点显然是要被一个开放的交往理性所改造或重构,即"领土,组织机构,垄断性的司法暴力(包括针对宪政敌人的暴力),这些传统上关于国家的参考点,要被一个强调开放性的沟通过程所取代"④。正如扬-维尔纳·米勒所指出的:"哈贝马斯曾经不止一次地强调过,复杂的现代社会无法交由

---

① 〔美〕扬-维尔纳·米勒:《宪政爱国主义》,邓晓菁译,第31页。
② 〔美〕扬-维尔纳·米勒:《宪政爱国主义》,邓晓菁译,第29页。
③ 〔德〕尤尔根·哈贝马斯:《包容他者》,曹卫东译,上海人民出版社,2002,第185页。
④ 〔美〕扬-维尔纳·米勒:《宪政爱国主义》,邓晓菁译,第31页。

'对于价值的实质共识来维系,维系它的只能是对于保障合法施行法律以及合法行使权力的程序的共识。'"① 根据童世骏的分析,哈贝马斯的出发点是德国的政治现实,但是所指向的却是一种启蒙的普遍主义:"(在哈贝马斯看来,'宪政爱国主义'——作者注)并不仅仅是一种为某个民族、某种文化所特有的东西,而是具有超越性的向度和普遍主义的内核的,因而也是可以用哲学理论进行辩护的——哈贝马斯关于交往行动、合理论辩和公共领域的讨论,说到底就是对这样一种普遍主义内核进行发掘、为它进行辩护。"②

但是,对于哈贝马斯来说,"宪政爱国主义"并不仅仅局限在关于交往行动、商谈论辩和"公共领域"等建制层面的问题,而且还要涉及相应的民主政治文化的培育。新政治文化的建立并非是不加选择地直接继受旧政治文化,也并非是与旧政治文化毫无关系地凭空产生,其实新政治文化正是在对旧政治文化进行反思、批判和重构的基础上才能够获得自身的正当性。对于德国人而言,作为新政治文化的"宪政爱国主义"是和他们自身传统中所一直缺失的(或者说一直没有得到有效发展的)民主政治文化相关联的。关于新旧两种政治文化,曾有论者分析:"前者要解决现代国家统一的价值规范问题,后者则是不但能够置换民族性并赋予价值规范以形式普遍性的新的认同标准,而且能够连接公民的动机和态度从而保证自由民主制度得到稳定支持的动力资源。"③

哈贝马斯不仅并不否认,而且还承认政治进程的推进需要相应的契机,但是"两德统一"的实际进程是依靠"马克帝国主义"(Mark

---

① 〔美〕扬-维尔纳·米勒:《宪政爱国主义》,邓晓菁译,第58页。
② 童世骏:《批判与实践:论哈贝马斯的批判理论》,第48~49页。
③ 应奇:《从自由主义到后自由主义》,生活·读书·新知三联书店,2003,第186页。

Imperialism）的方式而非一次民主的“再确认”。正如扬－维尔纳·米勒所说的：“统一进程似乎是以执行为中心，由精英所推动，恰恰排斥了哈贝马斯的理论和民主活动的核心实体：公共领域，公民在其中能够自由从事话语的、主体间的政治谅解。”[①] 同时，民主德国的人民也并没有像哈贝马斯所设想的一般有政治热情，他们关注更多的还是经济层面的问题。因此，错失这次契机的哈贝马斯将他的关注焦点从德国层面转移到欧盟层面上来。对于欧盟层面来说，哈贝马斯认为，重要的是将推进欧洲一体化进程的主导权从布鲁塞尔的那些政治精英和专家手中夺过来，交到欧洲人民或公民手中，[②]“下一轮面向后民族社会的一体化浪潮能否取得成功，关键不在于某个‘欧洲民族’的实质，而在于建立起欧洲政治公共领域的交往网络：它扎根在共同的政治文化当中，基础是一个公民社会。”[③] 哈贝马斯因此在后来也广泛地介入南斯拉夫内战、伊拉克战争、希腊债务危机和欧洲难民危机等等各种相关的政治事件之中，这完全是一致于哈贝马斯自身理论从“宪政爱国主义”到“追求康德全球联邦的理想”这个内在逻辑的发展。

四 “宪政爱国主义”足够了吗？

“宪政爱国主义”源于第二次世界大战结束后联邦德国后纳粹和后民族的语境之中。当“两德统一”之后，德国再一次成为一个拥有完整主权的民族国家，在这个这时候，“宪政爱国主义”是否还继续

[①] 〔美〕扬－维尔纳·米勒：《另一个国度：德国知识分子、两德统一及民族认同》，马俊、谢青译，第 128 页。

[②] 就此可以参见〔德〕尤尔根·哈贝马斯《关于欧洲宪法的思考》，伍惠萍、朱苗苗译，上海人民出版社，2013。

[③] 〔德〕尤尔根·哈贝马斯：《包容他者》，曹卫东译，第 176 页。

适用就遭到了质疑和挑战。此外，哈贝马斯试图将“宪政爱国主义”与欧洲一体化进程相关联的努力又因为所谓的“欧洲意识”远不如各个民族的民族意识有力，因此遭遇各种质疑和批评。① 我们不禁要问，“宪政爱国主义”走出德国面向欧洲，甚至是要最终面向全人类的话——这是它内在的普遍必然性所要求的——是否足够了呢？哈贝马斯自己也不得不承认：“在一些观察者看来，维持一个复杂社会的一体化，宪法爱国主义是远远不够的。”②

首先，对于“宪政爱国主义”是否足够有力量取代或者超越传统的民族、历史或文化的认同基础，很多学者表示质疑。如英国政治哲学家戴维·米勒（David Miller）非常明确地指出：“我认为我们应该对‘宪法爱国主义’替代更为熟悉的民族性表示怀疑。一部宪法作为一个民族政治原则的明确表达是有价值的，或者制定一部成文宪法是在民族历史上起重要作用的历史事件，别把这一概念与宪法忠诚能够单独充当民族认同的替代品这一观念相混淆，这一点是重要的……它（一部宪法）没有提供民族性提供的那种政治认同。特别是它没有解释为什么政治共同体的边界应该落在这而不是那，也没有给你任何共同体的历史认同感——将今天的政治与过去做出的决定和实施的行为联系在一起的连接物。”③ 对于戴维·米勒来说，民族感和凝聚在其中的历史或文化才是认同的基础：“因为决定边界的东西正是一种共享的民族感，而不仅仅包括对一部宪法的忠诚。即使在美国的情形中，

---

① 在此需要指出，与哈贝马斯同时代的德国社会学家尼古拉斯·卢曼通过系统理论将政治还原为一个与其他系统相联系的、以权力为自身传导媒介的系统，从而取消传统政治哲学中对于政治优先性的设定，并且将传统政治哲学视为一种形而上学，参见 Chris Thornhill, "Niklas Luhmann's Theory of Politics: Politics after Metaphysics?", in Michael King and Chris Thornhill (eds), *Luhmann on Law and Politics*: *Critical Appraisals and Applications*, Oxford: Hart, 2006。

② 〔德〕尤尔根·哈贝马斯：《包容他者》，曹卫东译，第 138 页。

③ 〔英〕戴维·米勒：《论民族性》，刘曙辉译，译林出版社，2010，第 165～166 页。

宪法忠诚在定义民族认同上也许发挥了最突出的作用，那种认同中同样存在重要的历史和文化成分。"① 戴维·米勒最终拒绝了"宪政爱国主义"："它（'宪政爱国主义'）追求排除关于共享历史和共同文化的问题，生成公民联结的基础可以是纯粹政治的。到如今应该很清楚，我拒绝这种形式的公民民族主义。我已指出，支持共同公民身份的民族认同必须比'宪法爱国主义'所暗含的更厚。"② 戴维·米勒指出的问题实则涉及我们在本书之前讨论过的"正当性"与"合法性"的争论。作为一个政治建制，背后必然要有许多支持或维系的实质性事物存在，但是同样如上文所讨论的，"宪政爱国主义"并不否认这些实质性事物，只是反对对其不加反思和批判地接受。因此戴维·米勒以及其他与他采取同一角度对"宪政爱国主义"的批判都是难以成立的。

其次，在"两德统一"后的新情况下，"宪政爱国主义"在德国也遭遇到了多重挑战。对于"两德统一"的问题，虽然左右两派知识分子都对联邦德国对民主德国的吞并以及联邦德国自身资本主义制度的扩展的统一进程及其结果表示出自己的不满，但是右派知识分子们却指出了与哈贝马斯等自由派知识分子们不相同的另外一条道路。右派知识分子们认为在德国重新恢复为一个拥有完整主权的民族国家的情况下，原先关于文化或历史的民族认同又可以重新被恢复为认同的基础，就像在 20 世纪 80 年代到 90 年代第二次"历史学家论战"中那些保守主义派历史学家们所做的一样。后来，像德国右派文人亨宁·里特尔（Henning Ritter）更是赤裸裸地断言："引领德国走向未来的前景可以被规划成以下内容：柏林共和国将比

---

① 〔英〕戴维·米勒：《论民族性》，刘曙辉译，第 166 页。
② 〔英〕戴维·米勒：《论民族性》，刘曙辉译，第 192 页。

波恩共和国更具'政治性'。"①

德国作家马丁·瓦尔泽（Martin Walser）则认为那些所谓的"民族良知"（此处是不点名地批评了哈贝马斯和君特·格拉斯）将奥斯维辛"工具化"了，现在是时候将那段记忆"私人化"，以及"克服过去"和恢复正常了。② 瓦尔泽涉及的其实是如下两个问题——所谓忘记一件事物的最好方式就是为它修建纪念馆，当德国人为了自己（或自己的父辈）当年的罪行修建了许多纪念馆的时候，他们是否已经做得足够多了？这些"民族良知"是否又是在为自己的政治立场而"过度消费"这些罪行？

德国历史学家温克勒秉持他自第二次"历史学家争论"以来反对将纳粹"一般化"、将德国"正常化"的一贯立场，通过对那些右派知识分子提出德国人是否要"永远活在希特勒的阴影下吗？"的设问，来质疑他们试图摆脱纳粹这段历史的尝试。温克勒坚定地指出："现在我们该怎么做？我们必须学会带着历史继续生活，而不是事后改写历史。"③

和马丁·瓦尔泽同属于第二次世界大战后文学家圈子"四七社"④的著名作家君特·格拉斯从另外一个角度挑战了"宪政爱国主义"。对于格拉斯来说，犯下罪责的德国是没有资格再以一个完整的民族国

---

① Henning Ritter, "Translatio rei publicae: Der Umzug von Regierung und Parlament als Grundungsakt der Berliner Republik," in Frankfurter Allgemeine Zeitung, Dec. 8th, 1996，转引自〔美〕扬-维尔纳·米勒《另一个国度：德国知识分子、两德统一及民族认同》，马俊、谢青译，第299页。

② 〔美〕扬-维尔纳·米勒：《另一个国度：德国知识分子、两德统一及民族认同》，马俊、谢青译，第316～328页。

③ 参见〔德〕海因里希·奥古斯特·温克勒《永远活在希特勒阴影下吗？》，丁君君译，生活·读书·新知三联书店，2012，第160页。

④ "四七社"（Gruppe 47）指1947～1967年受汉斯·维尔纳·里希特（Hans Werner Richter）邀请参加德语作家聚会的与会者，其中包括亨利希·波尔（Heinrich Böll）、克里斯蒂安·恩岑斯贝格尔（Christian Enzenberger）、君特·格拉斯和马丁·瓦尔泽等。这个松散的组织对第二次世界大战后联邦德国的文化运动，甚至是政治运动都有重要的影响。

家存在的，即如弗兰克·芬利（Frank Finlay）所指出的："格拉斯认为，因为特定的地理政治现实，或用一个相当概括的说法，因为'一场失败的战争的结果'，一个单一的德意志国家是不可能以像法国这样的方式存在的。对于格拉斯来说，'唯一的机会'是选择支持在两个德意志国家的联邦中实现隐匿在德国作为联邦的那段漫长的历史和传统中的文化上的统一性。"① 依照格拉斯的观点，德国的认同并非基于哈贝马斯所持有的"宪政爱国主义"，而是"德意志文化"——他所谓的"德意志文化"非常类似于后期托马斯·曼的界定，即是被十九世纪的民族主义扭曲之前的、人道主义的、具有欧洲性的，但是同时又具有鲜明的德意志特性的"德意志文化"。格拉斯认为："大屠杀并没有把民族的概念完全否弃——像许多作品的'后民族主义'立场所想象的那样——而是保证了向一种德国高级文化的回归，那是隐含在文化民族这一概念中的。"②

作为联邦德国最为坚定的反纳粹者和和平主义者，格拉斯在2006年出版的小说《剥洋葱》中承认了自己在青少年时代参加过纳粹党卫军（SS），甚至在希特勒五十周岁的时候为其写过祝寿诗的事情。在某种程度上，格拉斯同时代表了"好的德国"和"坏的德国"的对立统一，德国人必然要像格拉斯一样努力克服而非抛弃原先的罪责，才能继续生活下去。出生于1929年的哈贝马斯比出生于1927年的格拉斯要相对幸运一些，虽然他早年也是在纳粹德国的极权制度下成长起来的，但是他因为年纪相对小一些，参与的罪行和承担的罪责也相对少了许多。

---

① Frank Finlay, "Günter Grass's Political Rhetoric," in Stuart Taberner（ed.）, *The Cambridge Companion to Günter Grass*, Cambridge and New York: Cambridge University Press, 2009, p. 28.
② 转引自〔美〕扬-维尔纳·米勒《另一个国度：德国知识分子、两德统一及民族认同》，马俊、谢青译，第97页。

最后，哈贝马斯在欧盟问题上推进他的"宪政爱国主义"的努力同样也遭遇到阻力。哈贝马斯在欧盟问题上的立场是其交往理性的政治理论内在的连贯性所带来的必然要求，而且在欧盟范围内创设一个超越主权国家边界的"公共领域"对他来说也是非常大的诱惑。只是他没有认识到其中阻碍这个进程的历史、文化与传统等方面的限制性因素——实质性价值——会是如此有力。① 这使哈贝马斯意识到一种后习俗认同必须要对前习俗和习俗进行反思和批判之后——而非不加反思和批判的接受——才能形成。对于哈贝马斯来说，欧盟的形成并非是一套官僚制度的建立，而是全欧洲人民之间的"公共领域"的形成——欧盟不是在布鲁塞尔（欧盟总部所在地），也不是在斯特拉斯堡（欧洲议会所在地），而是在从贝尔法斯特到布加勒斯特，从赫尔辛基到里斯本的全体欧洲人民。

哈贝马斯认为，2003 年 2 月 15 日欧洲多国人民走上街头抗议美英不遵守联合国安理会相关规定和决议入侵伊拉克，是可以通过与美国的对立从而形成所谓欧洲人民自我认识的一个契机。② 5 月 31 日，哈贝马斯和法国哲学家德里达在《法兰克福汇报》和《解放报》上共同发表了《2 月 15 日，欧洲人民的团结日：以核心欧洲为起点，缔结共同外交政策》一文，希望在以法德两国为核心的所谓"核心欧洲"带领下推进欧盟一体化进程。他的倡议在大西洋两岸虽然不乏支持者，但也遭到了许多知识分子的批评，甚至是遭到了"冷嘲热讽"。如果不是对哈贝马斯和德里达这份倡议有这么多反对性的回应，

---

① 就此可参见 John P. McCormick, *Weber, Habermas, and Transformations of the European State: Constitutional, Social, and Supranational Democracy*, Cambridge and New York: Cambridge University Press, 2007。

② 哈贝马斯在某种程度上依照施米特似的"敌我划分"，通过把美国建构为"他者"来树立欧洲的集体认同。

估计也没有人会认识到现在欧洲（欧盟）内部的分歧是如此之大，如此具有活力。① 哈贝马斯的确没有认识到，将西德与东德的两支足球队统一为一支德国队和将法国队与德国队统一为一支足球队完全是两回事情。②

第二次世界大战之后的理论家们面对新的政治现实，又肩负着沉重的历史包袱，不得不在他们原有的政治思想传统之外，或者说是与他们原有的政治思想传统相对立的地方，来重新思考政治现实与政治思想问题。正像在现实政治中联邦德国回归到西方世界一样，他们在政治思想上也逐渐回归到自欧洲启蒙运动以来所形成的自由主义政治思想传统之中。因此，他们只能寻求一种取代原先文化认同的建制认同，即基于联邦德国基本法和议会民主制的"宪政爱国主义"。

但随着时间的流逝，德国再度统一并成为欧盟和世界的重要一员，现在的德国是否应该再次成为像托马斯·曼在1941年所说的"具有与西方价值观保持距离以及抨击西方理性主义思想的权力"的"一个像样的德国"呢？③ 此外，和纳粹做了分隔之后的"德意志文化"是否可以再次成为取代、超越或扬弃"宪政爱国主义"的认同基础

---

① 参见〔德〕尤尔根·哈贝马斯、〔法〕雅克·德里达、〔意〕翁贝托·艾柯、〔美〕理查德·罗蒂、〔美〕苏珊·桑塔格等《旧欧洲、新欧洲、核心欧洲》，丹尼尔·李维、马克斯·潘斯基、约翰·托尔佩编，邓伯宸译，中央编译出版社，2010。此外，我们可以发现，在20世纪30年代法国学者朱利安·班达对超越莱茵河两边、超越比利牛斯山两边和超越英吉利海峡两边的"欧洲共识"的号召在21世纪依然显得乌托邦色彩十足，参见〔法〕朱利安·班达《对欧洲民族的讲话》，余碧平译。

② 不论是1954年的"伯尔尼奇迹"，1974年西德队在本土获得世界杯，1990年的"意大利之夏"，2006年德国成功举办世界杯，还是2014年夏天德国队在巴西第四次获得世界杯冠军，足球对于现在的德国人来说，或许是除了经济之外，比旧的历史或文化的和新的"宪政爱国主义"更为有效的认同方式。

③ 〔德〕沃尔夫·勒佩尼斯：《德国历史中的文化诱惑》，刘春芳、高新华译，译林出版社，2010，第67页。

呢？毕竟对德国知识分子们而言，"历史性和过去语言的再现构成了德国哲学主题之一，还涉及到和那个因为纳粹主义的灾难似乎信誉扫地的遗产再次建立积极联系"①。

同时，我们又要如何正确对待德国政治思想传统呢？通过上面的考察，我们可以发现德国政治思想传统在纳粹这种变成现实性的可能性之外尚有其他并未被现实化的可能性，我们把这种纳粹之外的可能性称作"走出'非政治的'文化"，从"文化政治"走向"政治文化"的可能性。纳粹及与之相关的激进派保守主义只是德国政治思想传统中最为消极的面向。在德国政治思想传统内部，理论家们本身就对"德国问题"提出过不同于纳粹的以及有别于西方启蒙运动以来所形成的自由主义政治思想传统的各种答案或解决方案，但是它们的价值却被第二次世界大战后大部分德国政治思想理论家们忽视或故意舍弃了。② 正是因为我们不能否认近现代德国的政治现实及政治思想经过演进或校正仍然影响着今日政治哲学思考的视域，所以不仅对德国知识分子们来说，而且对那些没有他们这般沉重历史负担的他国知识分子们来说，现在应该是时候正视并用一种政治哲学的进路重新考察近现代德国政治思想了。

---

① 〔德〕英格博格·布罗伊尔、〔德〕彼得·罗伊施、〔德〕迪特尔·默施：《德国哲学家圆桌》，张荣译，华夏出版社，2003，第 1 页。

② 虽然本项研究并未过多地涉及早期法兰克福学派的学者及思想，但是在与托马斯·曼交往甚密的西奥多·阿多诺的思想中，就包含有一种正确对待德国政治思想传统的看法。正如新法兰克福学派的代表人物阿尔布莱希特·韦尔默所指出的："从对于联邦共和国的文化影响上说，阿多诺不只是一位受人尊敬的批评家和哲学评论家，他还是在反动政治的损害后恢复的德国文化传统的本真性，并使之进入在道德上受到困扰、其认同被动摇的战后一代人意识之中的第一人。就仿佛被纳粹驱逐出去的这些智识人的全部努力都是为了维护德国的文化认同。阿多诺再一次使德国人用不着在智识上、道德上和美学上仇视康德、黑格尔、巴赫、贝多芬、歌德或荷尔德林。就这样，阿多诺在赋予'另一个德国'以正当性上比任何人做得更多。"〔德〕阿尔布莱希特·韦尔默：《后形而上学现代性》，应奇、罗亚玲编译，上海译文出版社，2007，第 290 页。

参考文献

在此须说明的有以下五点：

（一）下列参考文献部分按照文献类型进行分类，按照责任者姓名字母进行排序；

（二）下列参考文献部分仅是罗列了在上文注脚中所直接提及的文献，在本书写作的过程中实际参阅的文献自然远不止于此；

（三）有部分参考文献是作为批评的对象出现的；

（四）下列部分文献在本人完成初稿后或有新的版本或中文译本，个别已加以注明或更新，但或有个别未加留意；

（五）在没有加以特别标识的外文文献在文中所出现的引文均是由本人翻译的，其中部分引文的翻译得到了应奇教授的修正。

中文著作及译作

1. 〔英〕阿克顿：《自由史论》，胡传胜、陈刚、李滨、胡发贵等译，译林出版社，2001。

2. 〔法〕朱利安·班达：《对欧洲民族的讲话》，佘碧平译，上海人民出版社，2005。

3. 包利民：《古典政治哲学史论》，人民出版社，2010。

4. 〔英〕理查德·贝拉米：《重新思考自由主义》，王萍、傅广生、周春鹏译，江苏人民出版社，2005。

5. 〔英〕理查德·贝拉米：《自由主义与现代社会》，毛兴贵、檀秀侠、陈高华、郑维伟译，刘训练校，江苏人民出版社，2008。

6. 〔美〕斯蒂芬·布雷耶：《法官能为民主做什么》，何帆译，法律出版社，2012。

7. 〔德〕英格博格·布罗伊尔、〔德〕彼得·罗伊施、〔德〕迪特尔·默施：《德国哲学家圆桌》，张荣译，华夏出版社，2003。

8. 陈新民：《公法学札记》，中国政法大学出版社，2001。

9. 〔德〕拉尔夫·达仁道夫：《现代社会冲突》，林荣远译，中国社会科学出版社，2000。

10. 〔加〕大卫·戴岑豪斯：《合法性与正当性：魏玛时代的施米特、凯尔森与海勒》，刘毅译，商务印书馆，2013。

11. 〔德〕维克托·法里亚斯：《海德格尔与纳粹》，郑永慧、张寿铭、吴绍宜译，时事出版社，2000。

12. 〔德〕弗里茨·费舍尔：《争雄世界：德意志帝国1914～1918年战争目标政策》，何江、李世隆译，商务印书馆，1987。

13. 〔美〕克劳斯·费舍尔：《德国反犹史》，钱坤译，江苏人民出版社，2007。

14. 〔英〕玛丽·弗尔布鲁克：《德国史：1918～2008》，卿文辉译，上海人民出版社，2011。

15. 〔美〕彼得·盖伊：《魏玛文化——一则短暂而璀璨的文化传

奇》，刘森尧译，安徽教育出版社，2005。

16.〔德〕汉斯－迪特尔·格勒弗特：《德国特征——德国人如何走到今天》，常晅译，南京大学出版社，2013。

17.〔美〕里亚·格林菲尔德：《民族主义：走向现代的五条道路》，王春华、祖国霞、魏万磊、谢虎、胡婷婷译，刘北成校，上海三联书店，2010。

18.〔德〕尤尔根·哈贝马斯：《现代性的地平线——哈贝马斯访谈录》，包亚明编，李安东、段怀清译，严锋校，上海人民出版社，1997。

19.〔德〕尤尔根·哈贝马斯：《作为未来的过去——与著名哲学家哈贝马斯对话》，章国锋译，浙江人民出版社，2001。

20.〔德〕尤尔根·哈贝马斯：《包容他者》，曹卫东译，上海人民出版社，2002。

21.〔德〕尤尔根·哈贝马斯、〔法〕雅克·德里达、〔意〕翁贝托·艾柯、〔美〕理查德·罗蒂、〔美〕苏珊·桑塔格等：《旧欧洲、新欧洲、核心欧洲》，邓伯宸译，中央编译出版社，2010。

22.〔德〕尤尔根·哈贝马斯：《关于欧洲宪法的思考》，伍惠萍、朱苗苗译，上海人民出版社，2013。

23.〔德〕尤尔根·哈贝马斯等：《希特勒，永不消散的阴云：德国历史学家之争》，逄之、崔博等译，生活·读书·新知三联书店，2014。

24.〔德〕赛巴斯提安·哈夫纳：《一个德国人的故事：哈夫纳1914～1933回忆录》，周全译，花城出版社，2009。

25.〔德〕黑格尔：《法哲学原理：或自然法和国家学纲要》，张启泰、范扬译，商务印书馆，1961。

26. 〔德〕赫尔曼·黑勒:《国家学的危机；社会主义与民族》，刘刚译，中国法制出版社，2010。

27. 〔英〕L. T. 霍布豪斯:《形而上学的国家论》，汪淑钧译，商务印书馆，2011。

28. 〔瑞士〕安托万·基扬:《近代德国及其历史学家》，黄艳红译，北京大学出版社，2010。

29. 〔德〕恩斯特·卡西尔:《国家的神话》，范进译，华夏出版社，2003。

30. 〔古罗马〕凯撒:《高卢战记》，任炳湘译，商务印书馆，1979。

31. 〔德〕托尔斯滕·克尔讷:《纳粹德国的兴亡》，李工真译，人民出版社，2010。

32. 〔意〕贝内德托·克罗齐:《十九世纪欧洲史》，田时纲译，商务印书馆，2013。

33. 〔意〕圭多·德·拉吉罗:《欧洲自由主义史》，柯林伍德编译，杨军译，吉林人民出版社，2011。

34. 〔美〕查尔斯·拉莫尔:《现代性的教训》，刘擎、应奇译，东方出版社，2010。

35. 〔德〕沃尔夫·勒佩尼斯:《德国历史中的文化诱惑》，刘春芳、高新华译，译林出版社，2010。

36. 〔英〕詹姆斯·雷塔拉克:《威廉二世时代的德国》，王莹、方长明译，北京大学出版社，2013。

37. 李工真:《德意志道路：现代化进程研究》，武汉大学出版社，2005。

38. 李工真:《文化的流亡：纳粹时代欧洲知识难民研究》，人民出版社，2010。

39. 李工真：《德意志现代化进程与德意志知识界》，商务印书馆，2010。

40. 李工真：《德国现代史专题十三讲：从魏玛共和国到第三帝国》，湖南教育出版社，2010。

41. 刘建伟：《新康德主义法学》，法律出版社，2007。

42. 刘小枫选编《施米特与政治法学》，上海三联书店，2002。

43. 〔匈〕捷尔吉·卢卡奇：《卢卡奇文选》，李鹏程编译，人民出版社，2008。

44. 〔德〕维纳·洛赫，《德国史》（三册），北京大学历史系世界近代现代史教研室译，生活·读书·新知三联书店，1959。

45. 〔德〕卡尔·洛维特：《世界历史与救赎历史：历史哲学的神学前提》，李秋零、田薇译，生活·读书·新知三联书店，2002。

46. 〔德〕卡尔·洛维特：《从黑格尔到尼采》，李秋零译，生活·读书·新知三联书店，2006。

47. 〔德〕卡尔·洛维特：《纳粹上台前后我的生活回忆》，区立远译，学林出版社，2008。

48. 〔德〕卡尔·洛维特：《雅各布·布克哈特》，楚人译，商务印书馆，2013。

49. 〔德〕马克思、〔德〕恩格斯：《马克思恩格斯全集》第三卷，中共中央马克思恩格斯列宁斯大林著作编译局译，人民出版社，1960。

50. 〔美〕米尔顿·迈耶：《他们以为他们是自由的：1933～1945年间的德国人》，王崇兴、张蓉译，商务印书馆，2013。

51. 〔德〕托马斯·曼：《多难而伟大的十九世纪》，朱雁冰译，浙江大学出版社，2013。

52. 〔德〕托马斯·曼:《歌德与托尔斯泰》,朱雁冰译,浙江大学出版社,2013。

53. 〔德〕弗里德里希·梅尼克:《世界主义与民族国家》,孟钟捷译,上海三联书店,2007。

54. 〔德〕弗里德里希·迈涅克:《德意志的复兴时代》,黄福得译,联经出版事业公司,2008。

55. 〔德〕弗里德里希·迈内克:《马基雅维里主义:"国家理由"观念及其在现代史上的地位》,时殷弘译,商务印书馆,2008。

56. 〔德〕弗里德里希·梅尼克:《历史主义的兴起》,陆月宏译,译林出版社,2010。

57. 〔德〕弗里德里希·迈内克:《德国的浩劫》,何兆武译,商务印书馆,2011。

58. 〔英〕戴维·米勒:《论民族性》,刘曙辉译,译林出版社,2010。

59. 〔美〕扬-维尔纳·米勒:《另一个国度:德国知识分子、两德统一及民族认同》,马俊、谢青译,新星出版社,2008。

60. 〔美〕扬-维尔纳·米勒:《宪政爱国主义》,邓晓菁译,商务印书馆,2012。

61. 〔美〕科佩尔·S. 平森:《德国近现代史:它的历史和文化》(上下册),范德一译(上册),范德一、林瑞斌、何田译,范德一校(下册),商务印书馆,1987。

62. 〔英〕罗杰·普赖斯:《1848年欧洲革命》,郭侃俊译,北京大学出版社,2014。

63. 〔英〕奥利弗·齐默:《欧洲民族主义:1890~1940》,杨光译,袁晓红校,北京大学出版社,2013。

64. 〔德〕齐佩利乌斯：《德国国家学》，赵宏译，法律出版社，2011。

65. 钱端升：《德国的政府》，北京大学出版社，2009。

66. 任剑涛：《建国之惑：留学精英与现代政治的误解》，中国政法大学出版社，2012。

67. 〔美〕乔治·萨拜因：《政治学说史》（第四版·下卷），〔美〕托马斯·索尔森修订，邓正来译，上海人民出版社，2010。

68. 〔德〕维尔纳·桑巴特：《德意志社会主义》，杨树人译，华东师范大学出版社，2007。

69. 〔英〕克里斯·桑希尔：《德国政治哲学：法的形而上学》，陈江进译，人民出版社，2009。

70. 〔德〕卡尔·施米特：《政治的概念》，刘宗坤等译，上海人民出版社，2004。

71. 〔德〕卡尔·施米特：《宪法学说》，刘锋译上海人民出版社，2005。

72. 〔德〕卡尔·施米特：《论断与概念：在与魏玛、日内瓦、凡尔赛的斗争中（1923~1939)》，朱雁冰译，上海人民出版社，2006。

73. 〔德〕卡尔·施密特：《宪法的守护者》，李君韬、苏慧婕译，商务印书馆，2008。

74. 〔德〕卡尔·施米特：《论法学思维的三种模式》，苏慧婕译，中国法制出版社，2012。

75. 〔德〕赫伯特·施奈德尔巴赫：《黑格尔之后的历史哲学：历史主义问题》，励洁丹译，浙江大学出版社，2014。

76. 〔美〕施特劳斯等：《回归古典政治哲学：施特劳斯通信集》，朱雁冰、何鸿藻译，华夏出版社，2006。

77.〔德〕米歇尔·施托莱斯:《德国公法史(1800～1914):国家法学说和行政法》,雷勇译,法律出版社,2007。

78.〔美〕乔治·施瓦布:《例外的挑战:卡尔·施米特的政治思想导论(1921～1936年)》,李培建译,上海人民出版社,2011。

79.〔美〕乔治·斯坦纳:《语言与沉默:论语言、文学与非人道》,李小均译,上海人民出版社,2013。

80.〔美〕弗里茨·斯特恩:《爱因斯坦恩怨史:德国科学的兴衰》,方在庆、文亚等译,上海世纪出版集团,2013。

81.〔古罗马〕塔西佗:《阿古利可拉传日耳曼尼亚志》,马雍、傅正元译,商务印书馆,1959。

82.童世骏:《批判与实践:论哈贝马斯的批判理论》,生活·读书·新知三联书店,2007。

83.〔德〕阿尔布莱希特·韦尔默:《后形而上学现代性》,应奇、罗亚玲编译,上海译文出版社,2007。

84.〔德〕汉斯–乌尔里希·维勒:《民族主义:历史、形式、后果》,赵宏译,中国法制出版社,2013。

85.〔德〕海因里希·奥古斯特·温克勒:《永远活在希特勒阴影下吗?》,丁君君译,生活·读书·新知三联书店,2012。

86.〔美〕理查德·沃林:《存在的政治:海德格尔的政治思想》,周宪、王志宏译,商务印书馆,2000。

87.〔美〕理查德·沃林:《海德格尔的弟子:阿伦特、勒维特、约纳斯和马尔库塞》,张国清、王大林译,江苏教育出版社,2005。

88.〔美〕谢尔登·S.沃林:《政治与构想:西方政治思想的延续和创新(扩充版)》,辛亨复译,上海世纪出版集团,2009。

89.〔奥〕弗里德里希·希尔:《欧洲思想史》,赵复三译,广西师范大学出版社，2007。

90. 薛华：《黑格尔、哈贝马斯与自由意识》，中国法制出版社，2008。

91. 叶阳明：《德国政治文化之发展》，五南图书出版有限公司，2009。

92. 〔美〕格奥尔格·G. 伊格尔斯：《德国的历史观：从赫尔德到当代历史思想的民族传统》，彭刚、顾杭译，译林出版社，2006。

93. 应奇：《从自由主义到后自由主义》，生活·读书·新知三联书店，2003。

94. 张千帆：《法国与德国宪政》，法律出版社，2011。

95. 〔美〕托尼·朱特：《战后欧洲史》，林骧华、唐敏译，新星出版社，2010。

中文论文、析出文献及其他

1. 〔德〕英格沃·埃布森：《德国〈基本法〉中的社会国家原则》，喻文光译，《法学家》2012年第1期。

2. 曹卫东、匡宇：《德国保守主义革命》，载曹卫东主编《危机时刻：德国保守主义革命》，上海人民出版社，2014。

3. 谷裕：《由〈魔山〉看托马斯·曼对保守主义的回应》，载曹卫东主编《危机时刻：德国保守主义革命》，上海人民出版社，2014。

4. 韩水法：《什么是政治哲学》，《中共中央党校学报》2009年第1期。

5. 景德祥：《关于联邦德国第一代史学家的争论》，《史学理论研究》2004年第1期。

6. 景凯旋：《托马斯·曼的转变》，《随笔》2009 年第 5 期。

7. 李娟：《普鲁士学派研究：以德罗伊森、西贝尔和特赖奇克为中心》，博士学位论文，复旦大学，2012。

8. 李忠夏：《宪法学的教义化——德国国家法学方法论的发展》，《法学家》2009 年第 5 期。

9. 〔美〕T. 罗克莫尔：《雅斯贝尔斯与海德格尔：关于哲学与政治的关系》，金寿铁译，《世界哲学》2013 年第 4 期。

10. 〔意〕毛瑞若·维罗里：《"国家理性"的起源和意义》，周保巍译，载许章润、翟志勇编《国家理性与现代国家》，清华大学出版社，2011。

11. 萧高彦：《理性公民共同体：黑格尔民主理念之重构》，载张福建、苏文流主编《民主理论：古典与现代》，中研院中山人文社会科学研究所专书（35），1995。

12. 徐友渔：《政治哲学与形而上学——略论政治思想中的德国传统》，《云南大学学报》（社会科学版）2008 年第 1 期。

13. 许章润：《置身邦国，如何安顿我们的身心——从德国历史学家迈内克的"欢欣雀跃"论及邦国情思、政治理性、公民理性与国家理性》，《政法论坛》2013 年第 1 期。

14. 钟芳桦：《法规范的三个社会基础：论 Hermann Heller 的法概念论》，《中原财经法学》（台湾桃园）第 15 期，2005 年 12 月。

外文著作

1. Klaus J. Bade（ed.），*Population*，*Labour and Migraton in 19th- and 20th- Century Germany*，Oxford，Berg Publishers，1987.

2. Frederick C. Beiser，*The German Historicist Tradition*，Oxford and

New York: Oxford University Press, 2011.

3. Peter C. Caldwell, *Popular Sovereignty and the Crisis of German Constitutional Law: The Theory and Practice of Weimar Constitutionalism*, Durham (N. C.), Duke University Press, 1997.

4. Ralf Dahrendorf, *Society and Democracy in Germany*, Aldershot: Gregg Revivals, 1992.

5. Jonathan Floyd and Marc Stears (eds.), *Poitical Philosophy versus History? Contextualism and Real Poitics in Contemporary Political Thought*, Cambridge and New York: Cambridge University Press, 2011.

6. A. J. Grant and Harold Temperley, *Europe in the Nineteenth and Twentieth Centuries (1789 - 1950)*, Revised and ed. by Lillian M. Penson, New Jersey: Prentice Hall Press, 6th edition, 1971.

7. Jürgen Habermas, *The New Conservatism: Cultural Criticism and the Historians' Debate*, ed. and trans. by Shierry Weber Nicholsen, Cambridge: Polity, 1989.

8. Jürgen Habermas, *A Berlin Republic: Writings on Germany*, trans. by Steven Rendall, Cambridge: Polity, 1998.

9. Jürgen Habermas, *Philosophical-Political Profiles*, trans. by Frederick G. Lawrence, Cambridge: Polity, 2012.

10. Hermann Heller, *Gesammelte Schriften*, Leiden: Sijthoff, 1971/ Tübingen: J. C. B. Mohr, 1992.

11. Hajo Holborn, *A History of Modern Germany: 1840 - 1945*, Princeton: Princeton University Press, 1969.

12. Konrad H. Jarausch, *Students, Society, and Politics in Imperial Germany: The Rise of Academic Illiberalism*, Princeton: Princeton Univer-

sity Press, 1982.

13. Larry Eugene Jones and James Retallack (eds.), *Between Reform, Reaction, and Resistance, Studies in the History of German Conservatism from 1789 to 1945*, Oxford: Berg Publishers, 1997.

14. Anton Kaes, Martin Jay and Edward Dimendberg (eds.), *The Weimar Republic Sourcebook*, Oakland: University of California Press, 1994.

15. Klenens Von Klemperer, *Germany's New Conservatism: It's History and Dilemma in the Twentieth Century*, Princeton: Princeton University Press, 1957.

16. Eberhard Kolb, *The Weimar Republic*, trans. by P. S. Falla and R. J. Park, Oxford: Routledge, 2004.

17. Leonard Krieger, *The German Idea of Freedom: History of a Political Tradition*, Chicago: The University of Chicago Press, 1957.

18. Jürgen Baron von Kruedener (ed.), *Economic Crisis and Political Collapse: The Weimar Republic 1924 – 1933*, Oxford: Berg Publishers, 1990.

19. Dieter Langewiesche, *Liberalism in Germany*, trans. by Christiane Banerji, Princeton: Princeton University Press, 2000.

20. H. Labovics, *Social Conservatism and the Middle Classes in Germany: 1914 – 1933*, Princeton: Princeton University Press, 1969.

21. Karl Loewenstein, *Hitler's Germany: The Nazi Background to War*, New York: The Macmillan Company, 1939.

22. Karl Löwith, *Meaning in History*, Chicago: The University of Chicago Press, 1949.

23. Karl Löwith, *Max Weber and Karl Marx*, ed. and with an introduc-

tion by Tom Bottomore and William Outhwaite, Oxford: Routledge, 1993.

24. Karl Löwith, *Martin Heidegger and European Nihilism*, ed. by Richard Wolin, trans. by Gray Steiner, New York: Columbia University Press, 1995.

25. Karl Löwith, *Nietzsche's Philosophy of the Eternal Recurrence of the Same*, trans. by J. Harvey Lomax, Oakland: University of California Press, 1997.

26. Golo Mann, *The History of Germany since* 1789, trans. by Marian Jackson, London: Pimlico, 1968.

27. Heinrich Mann and Thomas Mann, *Letters of Heinrich and Thomas Mann*: 1900 – 1949, Edited by Hans Wysling, trans. by Don Reneau, Richard and Clara Winston, Oakland: University of California Press, 1998.

28. Thomas Mann, *Order of the Day*: *Political Essays and Speeches of Two Decades*, trans. by H. T. Lowe-Porter, Agnes E. Meyer and Eric Sutton, New York: Alfred A Knopf, 1942.

29. Thomas Mann, *Thomas Mann Diaries*: *1918 – 1939*, Selection and Foreword by Hermann Kesten, trans. by Richard and Clara Winston, London: Robin Clark, 1984.

30. Thomas Mann, *The Letters of Thomas Mann*: *1889 – 1955*, Selected and trans. by Richard and Clara Winston, London: Penguin Books, 1985.

31. Thomas Mann, *Reflections of a Nonpolitical Man*, trans. by Walter D. Morris, New York: Ungar, 1987.

32. John P. McCormick, *Weber, Habermas, and Transformations of the European State*: *Constitutional, Social, and Supranational Democracy*, Cambridge and New York: Cambridge University Press, 2007.

33. Wolfgang J. Mommsen and Lothar Kettenacker (eds.) , *The Fascist Challenge and the Policy of Appeasement*, Crows Nest, George Allen & Unwin, 1983.

34. Wolfgang J. Mommsen, *Imperial Germany 1867 – 1918: Politics, Culture and Society in an Authoritarian State*, trans. by Richard Deveson, London: Edward Arnold Publishers, 1997.

35. Jan-Werner Müller, *Contesting Democracy: Political Ideas in Twentieth-Century Europe*, New Heaven and London: Yale University Press, 2013.

36. Gerard Oram (ed.) , *Conflict and Legality: Policing Mid-Twentieth Century Europe*, London: Francis Boutle Publishers, 2003.

37. Dietrich Orlow, *Weimar Prussia 1918 – 1925: The Unlikely Rock of Democracy*, Pittsburgh: University of Pittsburgh Press, 1986.

38. Dietrich Orlow, *Weimar Prussia 1925 – 1933, The Illusion of Strength*, Pittsburgh: University of Pittsburgh Press, 1991.

39. Detlev J. K. Peukert, *The Weimar Republic: The Crisis of Classical Modernity*, trans. by Richard Deveson, London: Penguin Press, 1991.

40. Helmuth Plessner, *Die verspätete: Nation Über die Verführbarkeit bürgerlichen Geistes*, Mainz: W. Kohlhammer, 1959.

41. Robert A. Pois, *Friedrich Meinecke and German Politics in the Twentieth Century*, Oakland: University of California Press, 1972.

42. Morgan Philips Price, *Dispatches from the Weimar Republic: Versailles and German Fascism*, ed. by Tania Rose, London: Pluto Press, 1999.

43. T. J. Reed, *Thomas Mann: The Uses of Tradition*, Oxford and New York: Oxford University Press, 1996.

44. Fritz K. Ringer, *The Decline of the German Mandarins*: *The German Academic Community*, *1890 – 1933*, Middletown (CT.): Wesleyan University Press, 1990.

45. Karl Rohe (ed.), *Elections*, *Parties and Political Traditions*: *Social Foundations of German Parties and Party System*, *1867 – 1987*, Oxford: Berg Publishers, 1990.

46. Jeffrey Seitzer, *Comparative History and Legal Theory*: *Carl Schmitt in the First German Democracy*, New York: Greenwood Press, 2001.

47. Richard W. Sterling, *Ethics in A World of Power*: *The Political Ideas of Friedrich Meinecke*, Princeton: Princeton University Press, 1958.

48. Fritz Stern, *The Politics of Cultural Despair*: *A Study in the Rise of the Germanic Ideology*, Oakland: University of California Press, 1961.

49. Fritz Stern, *The Failure of Illiberalism*: *Essays on the Political Culture of Modern Germany*, New York: Columbia University Press, 1992. (在本书的写作过程中笔者参照了孟钟捷未出版的译稿，此译稿后来出版为〔美〕弗里茨·斯特恩《非自由主义的失败：论现代德国政治文化》，孟钟捷译，商务印书馆，2015)

50. Fritz Stern, *Five Germanys*: *I Have Known*, New York: Farrar, Straus and Giroux, 2007.

51. Michael Stolleis, *A History of Public Law in Germany*: *1914 – 1945*, trans. by Thomas Dulap, Oxford and New York: Oxford University Press, 2004.

52. Peter M. R. Stirk, *Twentieth-century German Political Thought*, Edinburgh: Edinburgh University Press, 2006.

53. Walter Struve, *Elites Against Democracy*: *Leadership Ideals in Bourgeois Political Thought in Germany*, *1890 – 1933*, Princeton: Princeton Uni-

versity Press, 1973.

54. Chris Thornhill, *Political Theory in Modern Germany*: *An Introduction*, Cambridge: Polity Press, 2000.

55. Chris Thornhill, *German Political Philosophy*: *The Metaphysics of Law*, Oxford: Routledge, 2007. (因各个章节写作时间跨度很大，所以有些章节直接引用，有些章节则是参照了上述陈江进的中文译本)

56. Chris Thornhill, *A Sociology of Constitutions*: *Constitutions and State Legitimacy in Historical-Sociological Perspective*, Cambridge and New York: Cambridge University Press, 2013.

57. C. Paul Vincent, *A Historical Dictionary of Germany's Weimar Republic*: *1918 – 1933*, New York: Greenwood Press, 1997.

58. Eric D. Weitz, *Weimar Germany*, Princeton: Princeton University Press, 1990.

59. Heinrich August Winkler, *Germany*: *The Long Road West*, Vol. 1 & Vol. 2 (*1789 – 1933&1933 – 1990*), trans. by Alexander Sager, Oxford and New York: Oxford University Press, 2006 & 2007.

60. Richard Wolin (ed.), *The Heidegger Controversy*: *A Critical Reader*, Cambridge (MA.): The MIT Press, 1993.

外文论文、析出文献及其他

1. Isaiah Berlin, "Meinecke and Historicism," in Isaiah Berlin: *The Power of Ideas*, ed. by Henry Hardy, London: Chatto & Windus, 2000.

2. Paul Bishop, "The Intellectual World of Thomas Mann," in Ritchie Robertson (ed.): *The Cambridge Companion to Thomas Mann*, Cambridge and New York: Cambridge University Press, 2004.

3. Alan Bance, "The Political Becomes Personal: Disorder and Early Sorrow and Mario and the Magician," in Ritchie Robertson (eds.), *The Cambridge Companion to Thomas Mann*, Cambridge and New York: Cambridge University Press, 2004.

4. David Dyzenhaus, "Introduction of the Chapter 'Hermann Heller'," in Jacobson, Arthur J. and Bernhard Schlink (eds.), *Weimar: A Jurisprudence of Crisis*, Oakland: University of California Press, 2002.

5. Frank Finlay, "Günter Grass's Political Rhetoric, "in Stuart Taberner (ed.), *The Cambridge Companion to Günter Grass*, Cambridge and New York: Cambridge University Press, 2009.

6. Karin V. Gunnemann, "Heinrich Mann and the Struggle for Democracy, "in Karl Leydecker (ed.), *German Novelists of the Weimar Republic: Intersections of Literature and Politics*, London: Camden House, 2006.

7. Ellen Kennedy, "The Politics of Toleration in Late Weimar: Hermann Heller's Analysis of Fascism and Political Culture," *History of Political Thought*, vol. 5 (1984).

8. Ellen Kennedy, "Introduction to Hermann Heller," *Economy and Society*, 16:1 (Feb. , 1987).

9. Hans Kohn, "The Politics of Thomas Mann," *New Leader*, 39:7 (1956: Feb. 13).

10. Andrei S. Markovits, Beth Simone Noveck and Carolyn Höfig, "Jews in German Society," in Eva Kolinsky and Wilfried van der Will (eds.), *The Cambridge Companion to Modern German Culture*, Cambridge and New York: Cambridge University Press, 1998.

11. Anthony McElligott, "Introduction: Weimar and the Limits of

'Crisis Years of Classical Modernity' ,"in Anthony McElligott (ed.) , *Short Oxford History of Germany*: *Weimar Germany*, Oxford and New York: Oxford University Press, 2009.

12. Friedrich Meinecke, "Ranke and Burckhardt," in Hans Kohn (ed.) , *German History*: *Some New German Views*, trans. by Herbert H. Rowen, Boston: Beacon Press, 1954.

13. William Mulligan, "The Reichswehr and the Weimar Republic,"in Anthony McElligott (ed.) , *Short Oxford History of Germany*: *Weimar Germany*, Oxford and New York: Oxford University Press, 2009.

14. T. J. Reed, "Thomas Mann: The Writer as Historian of His Time," *The Modern Language Review*, Vol. 71, No. 1(Jan. 1976).

15. T. J. Reed, "Mann and History," in Ritchie Robertson (ed.) , *The Cambridge Companion to Thomas Mann*, Cambridge and New York: Cambridge University Press, 2004.

16. Peter Stirk, "Hugo Preuss: German Political Thought and the Weimar Constitution," *History of Political Thought*, Vol. XXIII. No. 3. Autumn 2002.

17. Martin Swales, "In Defence of Weimar: Thomas Mann and the Politics of Republicanism," in Alan Bance (ed.) , *Weimar Germany*: *Writers & Politics*, Edinburgh: Scottish Academic Press, 1982.

18. Chris Thornhill, "Niklas Luhmann's Theory of Politics: Politics after Metaphysics? ," in Michael King and Chris Thornhill (eds) , *Luhmann on Law and Politics*: *Critical Appraisals and Applications*, Oxford: Hart, 2006.

19. Chris Thornhill, "Berlin:The Untrusted Centre of the Law," in An-

dreas Philippopoulos-Mihalopoulos (ed.) , *The Law and the City*, Oxford:
Routledge-Cavendish Press, 2007.

20. Chris Thornhill, "Carl Schmitt and early Western Marxism," in Al-
an Schrift (ed.) , *History of Continental Philosophy*, vol VI: *Politics and the
Human Sciences*, Chicago: Chicago University Press, 2010.

后　记

　　我在此感谢所有应该感谢的人。本书主体部分是本人在浙江大学哲学系外国哲学研究所应奇教授的指导下，于 2014 年 5 月 30 日通过答辩的博士论文。虽然本书并非什么扛鼎巨著，甚至从篇幅上来说也不能和这样大的书名相称，但我可以非常坦然地说，它至少是得到我非常认真地对待的，而且它对目下学界还是有其前沿性与增量的。此书的出版仅是我漫长而又艰辛的学术之路上的一个路标，而非终点。对一位学者而言，最好的著作应该总是下一部。

　　在致谢部分，第一，我要感谢我的三位导师——应奇教授、克里斯·桑希尔（Chirs Thornhill）教授和韩水法教授对我的教导与关心；同时也要感谢浙江大学哲学系庞学铨教授、杨大春教授、包利民教授、章雪富教授、徐向东教授、王礼平副教授、王俊副教授和陈玮博士，历史系吕一民教授和朱晓罕博士，国际文化系高力克教授和政治学系张国清教授等人对我一直以来的帮助。

　　第二，我要感谢家人、女友及亲朋的理解与支持，毕竟在这个功利的时代，支持我做这种非功利的事业，他们替我默默付出了很多。

第三，我要感谢我所在的浙江省社会科学院的各位领导和同事，他们为我营造了一个非常良好的科研环境。

第四，我要感谢各位同学和同门多年来的陪伴与鼓励，特别是曹晗蓉、徐广垠和王冠军，他们对文稿提出了许多建议。

第五，我要感谢将本书部分章节先行以文章形式发表的期刊和报纸编辑，感谢他们对我的研究的认可和支持。

第六，我要感谢国家留学基金委当年对我去英国访学的资助。

第七，我要感谢社会科学文献出版社编辑们辛勤的工作。

图书在版编目（CIP）数据

走出"非政治的"文化：对近现代德国政治思想的
一种政治哲学考察 / 李哲罕著. -- 北京：社会科学文
献出版社，2016.10
　（中国地方社会科学院学术精品文库. 浙江系列）
　ISBN 978 - 7 - 5097 - 9906 - 2

　Ⅰ. ①走… 　Ⅱ. ①李… 　Ⅲ. ①政治思想 - 研究 - 德国
- 近代 　Ⅳ. ①D095.16

中国版本图书馆 CIP 数据核字（2016）第 253053 号

中国地方社会科学院学术精品文库·浙江系列

走出"非政治的"文化

——对近现代德国政治思想的一种政治哲学考察

著　　者 / 李哲罕

出 版 人 / 谢寿光
项目统筹 / 宋月华　吴　超
责任编辑 / 吴　超　宋淑洁　吕鹤颖

出　　版 / 社会科学文献出版社·人文分社（010）59367215
　　　　　　地址：北京市北三环中路甲 29 号院华龙大厦　邮编：100029
　　　　　　网址：www.ssap.com.cn
发　　行 / 市场营销中心（010）59367081　59367018
印　　装 / 三河市尚艺印装有限公司

规　　格 / 开　本：787mm × 1092mm　1/16
　　　　　　印　张：12.5　字　数：152 千字
版　　次 / 2016 年 10 月第 1 版　2016 年 10 月第 1 次印刷
书　　号 / ISBN 978 - 7 - 5097 - 9906 - 2
定　　价 / 69.00 元

本书如有印装质量问题，请与读者服务中心（010 - 59367028）联系